dumont taschenbücher

Hinnerk Topf, geboren 1923 in Halle/Saale, ist nicht(s) so ganz richtig: er versteht sich als einer, den es nicht mehr gibt, als Preuße. Er behauptet von sich, er sei ein bißchen Jurist und auch ein bißchen Psychologe, ein bißchen eigenwillig und ein bißchen autoritätsgläubig. Er erhebt keinen literarischen Anspruch, hat aber ein bißchen Gebrauchslyrik geschrieben und weiß, daß manche seiner Gedichte vielleicht formal ein bißchen schwach erscheinen mögen. Die Art der Präsentation seiner Rätsel hätte er gern ein bißchen anders gehabt, deshalb ist der Name, unter dem sein Buch erscheint, ein bißchen falsch.

Hinnerk Topf

Heitere Rätsel Reime Reim Rätsel

Vertrackte Verse für findige Köpfe

DuMont Buchverlag Köln

Illustrationen: Gerhard Kebbel

Bei einem kleinen Teil der Rätsel wurden – mit freundlicher Genehmigung von Herrn Eckstein – Definitionen aus den Kreuzworträtseln des ZEITmagazins mitverwendet.

CIP-Kurztitelaufnahme der Deutschen Bibliothek

Topf, Hinnerk:
Heitere Rätsel-Reime, Reim-Rätsel: vertrackte Verse für findige Köpfe / Hinnerk Topf. – Erstveröff. – Köln: DuMont, 1988
(DuMont-Taschenbücher; 209)
ISBN 3-7701-2220-8
NE: GT

Erstveröffentlichung

Satz, Druck und buchbinderische Verarbeitung:
Boss-Druck, Kleve

ISBN 3-7701-2220-8

Inhalt

Nur Gila, die
voll Sympathie
mir die Manie
der Pöterie
so gern verzieh,
war Garantie,
daß mein Genie
an Phantasie
und an Esprit
(mit Ironie)
so recht gedieh.

Merci, Chérie.

Vorspruch

Liebe(r) Leser(in)!

Darf ich Dich heut' animieren,
mit der Sprache zu jonglieren,
mit Gedanken kühn zu spielen,
überkreuz dabei zu schielen?

Willst Du das, dann mach' ich Dir
Mühe, aber auch Pläsier.
Und ich geb' zur Vorbereitung
eine Art Gebrauchsanleitung:

Sprichwort oder Redensart
unterstützen oft beim Start.
Namen wörtlich mal zu nehmen
hilft beim Lösen von Problemen.
Trennen lassen sich die Worte
an ganz ungewohntem Orte.
Ferner mußt Du akzeptieren,
groß und klein zu ignorieren.

Insgesamt: Du sollst Dein Denken
auch mal um die Ecke lenken.

Falls es nicht zur Lösung reicht:
Knack' den Code! Das ist ganz leicht.
Fang mal an ganz ungeniert,
der Erfolg kommt garantiert!

Dein

Hinnerk Topf

Am Anfang war das Rätselwort

Füg' an des Gedichtes Zeile
wertlos' Zeug in aller Eile:
Schon hast Du die Geistestaten,
die Du brauchst, um dies zu raten.

düjigzov

Mein Wort ist Ausweis, ihm gelingen
– bei Fuchs und Has' vor allen Dingen –
die Wechsel. Ferner allemal
kennt ihn die Baukunst mit 'ner Zahl.
Es gibt auch Tiere, die so gehen.
Beim Fußball kann man ihn oft sehen,
dort ist er weit meist oder doppelt.
Eng ist er wirtschaftlich gekoppelt.
Du findest häufig ihn mit Bildern,
wie häufig, kann ich gar nicht schildern.
Bei Bergen hast Du ihn zu suchen.
Suchst Du noch immer? Nur nicht fluchen!
Sein Synonym, das steht ja da.
Schau richtig hin und ruf hurra!

lzh

Das erste sollst Du Feiertage
(so steht's bei Moses im Vertrage).
Der zweite nützt oft mehr als Sein,
bringt Lob und Anerkennung ein.
Der ganze, der ist zweifelsohne
ein Ausweis für die Schutzpatrone.

ßüspstüo – iwßüso

Oft hängt was dran, man kann es spalten,
man findet's vor im ersten Gang.
Des Krümmens sollt' man sich enthalten.
Es sagt Dir niemand dafür Dank,
willst Du kein gutes an ihm lassen.
Mit Haut wird's gänzlich und total.
Scharf und genau kannst Du's erfassen.
Nun gehen wir zur Mehrzahl mal:
Man kann drin liegen, sie verzehren
(vor allem Kinder tun das viel),
die Zähne kannst Du so bewehren,
was zieh'n an ihnen: schlechter Stil.
Nur ungern wirst Du welche lassen,
sie wachsen farbig wie 'ne Maus,
sie steh'n zu Gipfeln Dir in Massen,
sie sträuben sich, Du raufst sie aus.

ßzzj(ü)

Schicklich heißt es, wohlerzogen,
ein'germaßen, ausgewogen,
recht, beträchtlich, nahezu,
fast und halbwegs (ohne Schmu).

asüöpswß

Ein Mann aus der Bibel
ist als Hohlmaß plausibel.
Manchmal wird es gefällt.
An einem Faden es hält.
Aus dem Wasser mit Glück
kommt's als Echo zurück.
Auch nennt man so alle
ganz bestimmten Metalle.
Ein Fluß in la France
ist auch noch das ganze
und – vergiß es nur nicht –
altes Handelsgewicht.

png

Nimm zwei Töchter einer Frau,
setz die Insel If hinein.
Hast Du's richtig und genau,
wird es ein Komet gleich sein.

iwßcü(su)igüjo

Er kann dünn sein oder dick,
kann gelähmt sein, läßt sich mästen,
läßt verschlingen sich. Dein Blick
freut sich nie an seinen Resten.
Manchmal hat er ein Geschwür,
manchmal 'nen Verschluß.
Vor der Stadt als Ouvertür'
ist er kein Verdruß.

vzjö

Den Pferden legt man's an,
sich selber legt man rein,
zum Essen braucht man's dann,
zerschlägt's beim Wütendsein.

tüiwßsjj

Sie lachen, stehen sehr früh auf
und geh'n entsprechend früh zu Bett.
Auf ihre Augen tritt man drauf,
ist einzeln es, dann wär' es nett,
ihm nichts zu tun, selbst wo es stört.
Blind ist es, dumm, mit Reis und krank,
verrückt und ulkig, oft verstört,
doch auch vergnügt mal, Gott sei Dank.

ßfßo

Eines ist ist,
der and're Seelenkraft.
Zusammengestellt:
Gelassenheit schafft.

tpüswß – öfg

Man bekommt ihn, kann ihn machen,
und so schief sind manche Sachen.
In ihn reden, in ihn schlagen,
ist fast immer zu beklagen.
Er ist still, geschützt und schnittig,
neu und anders bleibt er strittig.
Scharf wird man ihn auch nicht wählen,
doch er kann ein Lied erzählen.
Hast Du ihn in Deinem Rücken,
wird das meistens Dich entzücken,
doch mit Wirbel und mit Darm
zeigt er leider wenig Charme.
Er hat Bluse, Jacke, Hose,
Beutel, Büchse, Sack und Rose.
Seinen Jammer sieht man gern,
durch den Fang hält man ihn fern.

csov

Wenn's Schiffe tun, freut sich die Crew,
tut's Wäsche, ärgert man sich krank.
Wenn es der Sportler tut, im Nu
ist er am Ziel, na Gott sei Dank.

üsopzfuüo

Man hat sie und man bietet sie,
und manchmal sieht man was an ihr,
doch ihr dahinter kennt man nie.
Greift man sich dran: unglaublich schier!
Es gibt sie fliehend und auch kraus,
es gibt sie frech und eisern gar,
auch finster sieht sie manchmal aus.
Hast Du sie hoch, fehlt's Dir an Haar.

igsjo

Ein Kellner und ein Vögelein,
die wollten gerne eines sein
mit einem großen Landesteil.
Die Bindung ward zu aller Heil.
Es wurde draus – mit einem Wort –
ein weltbekannter Festspielort.

nxüj – zööüj – tzf

Man kann ihn halten, machen, haben,
ihn gibt's mit Straße, Wunde, Graben,
mit Probe, Wort, er trifft ins Herz,
mit Kampf gibt's ihn, auch solchen Schmerz,
man kann auch jemand darin lassen,
mit ihm als Kunstwerk sich befassen,
es gibt solch Blatt, solch Bahn, solch Tage,
auch Flamme, Waffe, Wahl und Frage,
solch Bogen, solch Kanal, solch Jahr,
hat Milch ihn, schmeckt sie sonderbar,
bei Farben schafft er Übergänge,
beim Sticken braucht man jede Menge,
beim Kartenspielen ist er Test,
und mit dem Hieb, da bleibt er fest.

igswß

Er sorgt beim Buch und bei der Zeitung
für Gliederung und für Verbreitung.
Dazu hast Du ihn auch am Schuh.
In den Gewässern findest Du
ihn bei Geröll, Schlamm, Sand und Kies
(als Sedimente kennt man dies).

zxizga

Vom ersten sagt man, daß
er gelb ist und macht blaß.
Ein armer Bock der zweite.
Ein ganzer: Dir zur Seite.

oüsv – ßzööüp

Es kann leicht sein, kalt und heiß,
wild und böse, auch mit Schweiß
und mit Tränen, ruhig, blau,
feurig, arm und frisch. Vertrau
dem mit Fleisch, dann hat es Bande,
klebt's an Dir, dann ist das Schande.
Manchem liegt Musik darin,
es zu lecken, das gibt Sinn.
Es kann wallen, man kann's schwitzen,
und es kann darin was sitzen.
Bist Du damit übergossen,
dann auch meistens recht verdrossen.
Mancher kann es nicht mal sehen.
Auch mit Milch kann man's verstehen.

xpfg

Versuche Dich doch mal im Sprinten
und tue es alsdann von hinten,
dann hast Du, wenn Du richtig bist,
was klein nur, doch gemeinsam ist.

jüooüo

Mancher tut es mit Terminen,
Rohren, Brillen und so fort,
mancher will den Lesern dienen,
tut's mit dem geschrieb'nen Wort.
Mancher aber ist es eben
allzu oft in seinem Leben.

düjpütüo

Du hast ihn an Dir, stets auch im Gesicht,
marschierst und fährst in ihm, tust ihn auch mal,
der Aufenthalt in ihm gefällt Dir nicht,
Du nimmst ihn zu Dir, flüssig und nasal,
an manchen Kleidungsstücken hast Du ihn,
an Deiner Schrift, an Deinem Schießgewehr,
Du brauchst ihn auch im Hause (am Kamin),
dem Deiner Zeit entgehst Du nimmermehr.

aft

Sag' einmal zwölf Dutzend an
und verklein're sprachlich sie.
Plötzlich hast Du Wundermann
nur zehn Pfennig. Aber wie?

tjniwßüo

Männlich ist's ein altes Lied,
weiblich kann man darin saufen.
Was man bei dem Luftdruck sieht,
sächlich ist das Maß zu taufen.
Manchmal heißt es ohne, bloß,
manchmal rein, oft Kasse.
Doppelt ist er roh und groß,
grob und ohne Klasse.

xzj

Als männlich stellt zum Bier man hin,
was sächlich hat verschied'nen Sinn:
Es ist 'ne Frucht, es ist ein Samen,
gibt Brotgetreide seinen Namen,
Papier- und Fotofeingehalt.
Der Jäger damit doppelt knallt,
denn es ist Teil von dem Visier
und Teil vom Schrot, das merke Dir.

qnjo

Zerbrechlich ist's, doch kann man's schmieden,
höchst wetterwendisch und auch blind,
wer tüchtig ist, hat es hienieden,
auch wenn's nicht Geistesgaben sind.

tpewq

Zuerst: Ein Flächenmaß kommt mir zupaß.
Was gestern heute war, ist heute was?
Sodann: So sind Tuch, Faden, Kreuz und Zahl,
Meer, Heller, Kopf, der Dachhahn und Opal.
Zusammen leuchtet's, leider mir zum Tod,
vom Osten stammt es, bleibt für uns Exot.

önjtüo – jng

Sie ist locker, ohne Ende,
ist mit Steuer und mit Schreck,
dreht sie ständig sich behende,
zählt die Knoten man an Deck.

iwßjzfxü

Setz doch einmal dasselbe Wort
vor Kundschaft, Feuer, Schuhe,
vor Vogel und den Zettel dort.
Vor Bahn geht es in Ruhe.
Es paßt vor Schritt, Rad, Steg und Zeit,
vor Masche, Schrift und Graben,
vor Paß und Katze ist's bereit,
vor Bursche ist's zu haben.
Es steht vor Pensum, Gitter, Stall,
vor Planke, Käfer, Schiene,
vor Gang und Fläche, überall.
Machst Du jetzt böse Miene?

pzfu –

Ein Mann ist so und der Humor,
die Liste, Peter und ein Tor,
der Tag, der Plan, das Schaf, das Brett,
auch Meer und Kunst, Markt und Brikett.
Man kann so sehen, hören, malen
und auch mit solchem Geld bezahlen,
so ärgern sich und auch so fahren.
So und auf weiß kann man bewahren.

iwßczja

Das erste gibt's für Herrn, nicht minder
für Damen und für Frauen auch,
für's Essen, Wohnen und für Kinder,
und selbst für Fremde ist es Brauch.
Im zweiten ist ein Kind enthalten,
das feindlich' Leben auf ihn zählt,
vor Thronen kann er Stolz entfalten,
mit einer Maus ist er vermählt.
Den ganzen mußt Du Dir bestellen,
wenn Dir die Axt im Hause fehlt.
Er läßt ein Loch in allen Fällen,
das zeigst Du jedem, der krakeelt.

asööüj – özoo

Fehl'n Dir die großen eins selbst für ein großes zwei,
dann bist Du klein einszwei und hast viel Schererei,
doch Du erhieltest große große eins ganz leicht,
wenn Dich einmal das große große zwei erreicht.

ösggüp – pni

Ein Ding, wo was passieren kann,
dazu die Zahl von Negerlein,
zusammen geben beide an:
so alt darf man beim Träumen sein.

isüxaüßo

Beim Wetter kann man ihn erfahren,
ihn gibt's bei Hosen, Briefen, Waren,
für Bücher. Und bei manchen Klagen
wirst Du ihn sicher selber tragen.

föiwßpzt

Es wird zu Pulver, bleibt nicht trocken,
blau ist es, groß und sonnenhaft,
wer schöne macht, der will verlocken,
hinein geht's manchmal voller Kraft.
Zudrücken kann man's und riskieren,
der Herr hat's, das Gesetz hat's auch,
ein Dorn darin kann sehr genieren,
die Faust paßt drauf nach altem Brauch.

zftü(o)

Sie hat verschied'nes Material,
es gibt beim Fluß sie und im Tal,
im Graben. Und auf dem Parkett,
dort legt man sie (meist im Duett).

inßpü

Ich such' den Geist von dem Jahrhundert
des Friedrich, Leibniz und Voltaire,
der heute noch von uns bewundert,
denn dieser Geist ist sehr viel mehr:
Die Polizei kann ihn gebrauchen,
das Kind lernt Sexualität,
Soldaten müssen dafür krauchen,
wenn man's vom Flugzeug nicht erspäht.
Oft mühen sich die Parlamente
um diesen Geist, doch weiß man auch,
verschieden sind die Argumente,
es gibt kein Feuer, nur viel Rauch.

zfuqpyjfot

Oft klingen sie, man kann sie spitzen,
sie hängen lassen, darauf sitzen.
Dahinter kann man etwas schreiben,
grün, naß und trocken auch dort bleiben.
Mal sind sie steif, halb und geneigt,
selbst Wände haben sie gezeigt.
Laß sie Dir nicht mit Fell bekleiden.
Drin liegen solltest Du vermeiden.

nßjüo

Ich bin nur eine von den ersten vielen,
doch hab' selbst ich das zweite auch.
Die zwei-eins von uns allen spielen
bei Geld 'ne Rolle. Das ist Brauch.
Nun gibt es ein'ge reiche Leute,
die haben in der nahen Schweiz
ein eins-zwei, prellen so um Beute
das Steueramt aus lauter Geiz.

ofööüjo-qnogn

So manchmal tritt man ständig drauf,
doch ist sie neu, tritt man sie an.
Bei Zahlen gibt es sie zuhauf,
vor allem hinterm Komma dann.
Es gibt beim Dienst sie und beim Amt,
als Grab, als Örtlichkeit, im Text,
hier sind wir sterblich allesamt,
sie ist halt schwach, es ist verhext.

igüppü

Er gilt als Geld, man kann drauf sein,
es gibt ihn heiß, und obendrein
denk mal an Schere und Verhau,
an Maschen, Zieher, Stift genau,
an Esel, Seil(bahn) und an Kabel,
auch Kupfer wäre diskutabel,
wie überhaupt noch viel Metalle,
doch damit ist es noch nicht alle,
ihn gibt's mit Telefon und Blumen,
mit Stachel hat er mehr Volumen,
ihn gibt's mit Funk und Haar und Glas
und selbst zum stolpern. Glaubst Du das?

vjzßg

Maulschellen tun's und auch der Regen,
der Mime nimmt es gern entgegen,
wenn sich die Hände so bewegen.
Die Basen tun's und auch Kollegen.

qpzgiwßüo

Auf die Betonung kommt es an:
Entweder nämlich ist's ein Mann,
der gerne singt, dann wird es lohnen,
die zweite Silbe zu betonen.
Legst Du jedoch den ganzen Ton
gleich auf die erste Silbe schon,
dann wird es Haltung, Inhalt, Sinn,
Wortlaut, Substanz sind auch mit drin.

güonj

Ein Wort hat viel verschied'nen Sinn,
gefahrlos, ruhig, firm sind drin,
gewiß und ungewiß sind da,
beschützt, verwahrt, geborgen, ja.

iswßüj

Der Bauch hat sie, der Schall, die Flut,
die Kurbel, Kälte. Sie ist gut
bei Wasser, Nocken, Kardan, Sturz,
bei Druck und Mittel, Licht und Kurz,
bei Dauer, Wärme, Hitze, Riesen,
bei Grund und Knie und auch bei diesen
von mir benannten Eigenschaften:
an grün, neu, weich, da kann sie haften.

cüppü

In der ersten trinkt man,
in die zweite zahlt man,
in der ganzen fährt man.

xzj – qziiü

Ein Wort kann man verschieden sehen,
als bald und auch sofort verstehen,
als ist und wie und als egal
und als dasselbe allemal.

tpüswß

Er ist ein Hund und ein Motor,
er kam auch als Chinese vor,
er war geheim (und zwar zu Zeiten
von Kaiser Wilhelm – einem zweiten –),
bis er den Aufstand hat gemacht.
Für Zweikampf kommt er in Betracht.

xnbüj

Die einen suchst Du in Atlanten,
das zweite treibst Du mit Bekannten.
Und ist das zwei ein eins-zwei gar,
dann brauchst Du zwei-eins, das ist klar.

qzjgüo – ilsüp

Beim Tennis tut man's, mit dem Zelt,
dem Preis, Gerüst und – wenn's gefällt –
mit Lager, Buch und Augen,
mit Wohnsitz, Ei. Es taugen
dazu nur niemals Kopf und Knie,
doch ab und zu trifft es selbst die.

zfuiwßpztüo

Beton' ein Verb gleich zu Beginn,
so hat es durchaus seinen Sinn.
Man kann's mit der Ernährung machen,
mit Produktion, mit allen Sachen,
auch mit sich selber kann man's tun,
will man im alten Trott nicht ruh'n.
Beton' beim Verb nun Silbe zwei,
dann tut es meist die Polizei
mit Haus und Straße, Wald und Platz
im Rahmen der Verbrecherhatz.

föigüppüo

Man läßt durch sie das Erdöl fließen,
kann ihre Bilder auch genießen,
man kann in ihnen backen, braten,
und – wenn's die Hirsche einmal taten –
dann läßt sich lange davon schwärmen.
Man kann in ihnen etwas wärmen.

jmßjüo

Vorname ist die eins vom Geld
und auch ein Ort, der viel gefällt,
in dem so manche Freuden winken,
vor allem kriegt man zwei zu trinken.
Es gibt auch die zwei-eins speziell.
Beim eins-zwei geht's fast niemals schnell.
Der eins-zwei hat nicht eins, noch zwei,
Du zahlst mit Geld und Zeit dabei,
verlierst von Deinem Schmuck ein Teil
und wirst doch schmucker alleweil.

xzj – xsüj

Der erste kreist, das ist sein Sinn,
in Luft und Wasser ist er drin,
ihn gibt's beim Trommeln und beim Haar,
auch Handgriff ist er, das ist wahr,
z. B. beim Fenster und bei Geigen.
So können sich Gefühle zeigen.
Die zweite ist 'ne Marschkolonne,
beim Sternmarsch sieht man sie mit Wonne.
Sie stützt und schmückt, oft männlich/weiblich,
ihr Bersten einst ist unausbleiblich.
Als Neutrum ist es klein, das Schwein,
speziell in Schwaben kann das sein.
Und nun die ganze, lieber Rater,
die ist in Dir. Mach kein Theater,
denn es sind sechsundzwanzig Teile,
doch ist sie biegsam, Dir zum Heile,
sie stützt Dich und sie läßt Dich sitzen,
dazwischen gibt es viele Ritzen.

csjxüp-iyfpü

Den Flur lernst Du beim Essen kennen,
die Bande läßt sich auch so nennen,
Du selbst tust ihn nur allzu oft,
mal ist er schwer, mal froh erhofft.
Du kennst ihn nicht nur von Maschinen,
von Sonne, Mond, auch vom Bedienen
des Autos. Sei nur stets bereit,
Dein letzter ist vielleicht nicht weit.

tzot

Ein Wort heißt unverfälscht und rein,
es kann bezeichnend, typisch sein,
es steht für wirklich und für wahr
und manchmal für beständig gar.

üwßg

Man kann's verwenden statt bekleiden,
bei Preisen mag man's wen'ger leiden,
man kann es auch statt locken sagen
und mit Zitaten es mal wagen,
man kann es mit den Zügeln machen,
mit Schrauben, Saiten, und – nicht lachen! –
Magneten tun's von ganz allein,
bei Pferden sollte das nicht sein.

zoasüßüo

Für Inkas war er Schriftersatz,
beim Seemann haben viele Platz,
man gibt Geschwindigkeit so an,
am Haar trägt selten ihn ein Mann.
Man macht ihn in ein Tuch hinein.
Er kann mit Punkt und Stock auch sein.
In Gordion den an dem Wagen
hat Alexander glatt zerschlagen.
Manch Halm hat ihn und auch die Gicht
und sonst'ge Krankheit. Es gebricht
als Mensch ihm deutlich an Manieren.
Als Verb tut man's zum arretieren.

qongüo

Klein ist es immer ungefähr
so drei bis vier, nicht sehr viel mehr.
Groß biete ich Dir die Gewähr,
es sind nur zwei. Ist das nun schwer?

lzzj

Er kann in einem Brette sein,
vom Herzen, aus der Krone fallen,
es gibt mit Stock ihn und mit Bein,
mit Anstoß (zum Zusammenprallen).
Beim Weisen wird man ihn stets loben,
der kann ihn sicher auch erweichen,
es kommen Tropfen drauf von oben,
sein Alter kann man kaum erreichen.
Ich möchte gern in meinen Träumen
nur einen mal zum Rollen bringen
und welche aus dem Wege räumen,
doch wird mir das wohl kaum gelingen,
denn leider ist der Menschen Herz
zumeist aus diesem Material.
Sie legen sie – oft nur zum Scherz –
mir in den Weg, verdammt noch mal!

igüso(ü)

Er hat ein Herz, es sind auch Sterne,
ist falsch er, essen wir ihn gerne,
mit Scharte ist er leicht behindert,
sein Wissen ist auf Null gemindert.
Oft liegt er mitten im Gewürze.
Ist er mit Fuß und Angst, in Kürze
ergreift er sicher sein Panier.
Ein alter weiß: so läuft er hier.

ßziü

Man kann drin sein und drunter setzen
und sich an ihm als Bild ergetzen.
Das Wasser hat ihn, Gas und Buch,
auch Hände, kommt man zu Besuch.
Mit Luft und Knopf ist er gekoppelt,
und zwar nicht einfach, sondern doppelt.

vjfwq

Ein Wort von vielerlei Gestalt:
als Gottesdienst, als Jahrmarkt bald,
als Speiseraum auf einem Schiff,
dazu gilt ferner der Begriff
für Großmarkt und für Fachausstellung.
Ganz sicher führt es zur Erhellung,
wenn auch aufs Chorwerk ich verweise.
Nun mach Dich auf die Ratereise!

öüiiü

Es gibt solch Lampe, Zirkel, Brille,
in solcher Ecke ist es stille
und auch in solchem Saal und Zimmer.
Ein solches Zeichen dient Dir immer,
um einen Seitensprung zu meiden.
Es mag solch Stoff und Frucht gut leiden
solch Ratte, die hat solchen Hunger.
Solch Buch braucht meistens nur ein Junger.
Es gibt solch Probe und solch Pult.
Und trinkst Du Wein, dann ist sie schuld.

püiü

Er geht so still in der Natur,
und nach ihm geht so manche Uhr,
mal ist er voll, mal ist er halb,
er hat 'nen Hof und auch ein Kalb,
dahinter möchte man nicht sein,
wer auf ihm lebt, guckt oft hinein.

önov

Ein Mensch, meist schon älter,
sein Geld, das erhält er
ohne Arbeit und Plage.
Merke auf, was ich sage:
Nun betone das Wort
einmal anders als dort,
dann lebt es im Norden,
ist nützlich geworden,
gibt Milch, läßt sich reiten,
zieht Lasten zu Zeiten.

jüogsüj

Glänzend ist es, nackt und bloß,
abgenutzt und bargeldlos,
Hans ist es, die Haut, der Degen,
Kartenspielern kommt's entgegen.

xpzoq

Der Mensch hat sie und auch das Tier,
die Milch, der Pudding und die Suppe,
oft fühlt man sich nicht wohl in ihr.
Es wehrt sich ihrer jede Truppe.
Gut kann sie sein, treu, alt und ehrlich,
man nennt sie häufig mit den Haaren,
mit Knochen freut sie Dich wohl schwerlich,
man könnte manchmal aus ihr fahren.
In fremder möchte man nicht stecken,
die eig'ne nicht zum Markte bringen,
man kommt nicht raus, nicht ums Verrecken.
Entsetzliches kann drunter dringen.
Mit Bären kann man darauf liegen,
dann ist sie faul. Und unbenommen
bleibt Dir, auch wenn die andern siegen,
mit heiler grad davonzukommen.

ßzfg

Ich kenne ziemlich freches Vieh:
Es schießt darauf die Artill'rie.
Als Musikanten auf dem Dach
erhalten sie Bekanntes wach.
Manch Mensch, der hat sie unterm Hut,
das finden and're nicht so gut.
Das Einzeltier stammt aus Paris.
Und dazu sage ich noch dies:
Man hat ihn lieber in der Hand,
obwohl sein Dreck uns wohlbekannt.
Hast Du ein Hirn wie dieses Tier,
dann fehlt Dir eine Lösung hier.

ilzga(üo)

Man hört es, wenn es gut gedeiht.
Und ist es das, hat man vergessen,
nur nicht, wenn da ein Tier bereit,
es alles wieder abzufressen.
Wo's Schläge gibt, da geht es aus.
Am Neckar hört man's und am Rhein (!).
Selbst Vegetarier – o Graus –,
die beißen gar nicht gern hinein.

tjzi

Ich nenn' ihn einfach Germanist,
obwohl er Ordensritter ist,
zum Teil ist er auch Infant'rist,
den man als Wiener nicht vergißt.

vüfgiwßöüsigüj

Halbiere einen wilden Mann.
Die Hälfte – welche ist egal –
ist schon die eins. Für zwei sodann
nimm eine feine Frau Du mal.
Die eins-zwei wirkt zwar in der eins
(zumeist ein etwas dunkler Raum),
Indiz ist sicher das noch keins,
denn eine zwei ist sie wohl kaum.

xzj – vzöü

Man kann's mit Zigaretten machen,
mit Kurbeln, Dingern mannigfachen,
mit Pillen, Nasen, Tüten, Seilen,
mit Filmen, Daumen auch zuweilen,
mit Stricken und so manchen Runden.
Durch Mangel ist es auch verbunden.
Die Erde tut's, der Wind, das Rad,
Du Dich im Tanze ganz privat.
In Deinem Kopf ist sein Ressort,
und auf dem Absatz kommt es vor.

vjüßüo

Laß mal Steine stark zersplittern
und zu Körnchen sie verwittern,
setze dann in diese Mitte
eine Eule. Aber bitte:
Sag' das so erzeugte Tier
nicht zu mir!

iz(fßf)ov

Er ist wohl und nackt und naß,
man begießt ihn, weiß auch, daß
er den Keglern wenig nütze.
Dennoch hat er Kern und Mütze.

lfvüp

Ich kenn' ein inneres Organ
(ein Pumpwerk ist es, ganz profan),
das reimt man schon seit alter Zeit,
auf das, was Kummer, Weh und Leid,
auf Griff am Pfluge reimt es sich
und auch auf eines Fechters Stich,
es reimt sich auf ein Mardertier
und auch auf diesen Spaß von mir.
Bist Du noch immer ahnungslos,
dann reim' es auf den Monat bloß.

ßüja
iwßöüja
igüja
güja
oüja
iwßüja
öyja

Ihn gibt's bei Geld und auch bei Licht,
besteht man drauf auch vor Gericht,
dann kann das leicht ins Auge gehen.
An Shylock können wir das sehen.
Und auch für Täuschung steht das Wort.
Ich weiß, Du hast es raus. Sofort.

iwßüso

Von welchem Stuhl spricht wie welch Vater?
Warst in solch Stadt Du, lieber Rater?
Bist Du mal in dies Land gereist?
Kennst Du dies Grab, spürst diesen Geist?
Es kommt solch Krieg und König vor,
nebst Strohsack und Kanonenrohr.
Manch Mittel wird so durch den Zweck,
solch Rock ruht meistens im Versteck.
Es gibt auch dieses Donnerwetter,
doch solche Hallen sind honetter.
Solch Abend gibt's und solchen Gral,
selbst solch Familie gab's einmal,
auch gab es solche Allianz,
und gut bekannt ist dieser Franz.
Es gibt solch Einfalt, Ordnung, Zorn,
solch Eifer treibt Dich weit nach vorn.
Es gibt solch Kühe, Schrift und Nacht,
auch an solch Bimbam sei gedacht.

ßüspst

Kurz, aber knackig

Er heißt Wilhelm, ist ein Strauch,
klopfen kann man darauf auch.

xfiwß

Ein eigener ist sehr viel wert.
Hast Du ihn raus auch umgekehrt?

ßüjv/vjüß

Bei dem Ausweis für zwei
ist ein Fußball dabei.

vnllüplzh

Worin liegt die Gefahr beim Hund?
Die kleine Mahlzeit tut es kund.

söxsh

Man holt ihn in Carrara raus
und macht manch schönen Kuchen draus.

özjönj

An was labt sich der Seemann gern?
Die Antwort liegt von Föhr nicht fern.

zöjfö

Winde ist er und Bekleidung,
für das Drama Unterscheidung.

zfuaft

Ein Käufer ist's seit alters her
und auch Beweis im Rechtsverkehr.

fjqfovü

Es wird nicht gleich bei jedem klappen,
die Regenteile sich zu schnappen.

gjnluüouyotüj

Betrunkene sind wesensgleich
mit Possenschluß im Bühnenreich.

iwßczoqüovü

Ein Auto im Gefängniskleid
steht für die Polizei bereit.

igjüsuüocztüo

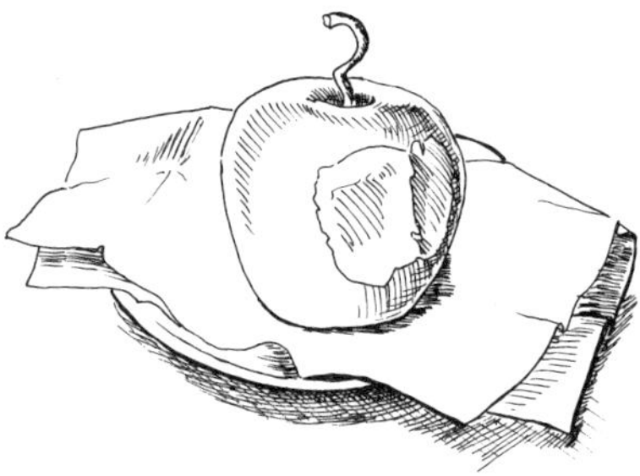

In großer Not man ihn erfleht
von vorn und hinten im Gebet.

jüggüj

Gekocht läßt in der Flotte Mitten
sich gut zum Speisefette kitten.

özj(tzj)soü

'Ne Primzahl und ein Hundetier
sind alter Hut, das sag' ich Dir.

vjüsilsga

Übe klug! und Musterlied,
beides ist kein Unterschied.

ljnxücüsiü

Mit k auf Straße und im Bett,
doch im Lokal statt k ein z.

düj – q – üßj

Ein Kinofilm am wilden Pferd
ist im Verkehr beachtenswert.

aüxjzigjüsuüo

Als Gegenteil zu einem Wald
rätst Du ein Wasserfahrzeug bald.

üsoxzfö

Betonung vorn: ein Sagenheld,
Betonung hinten: Stadt von Welt.

lzjsi

Kralle oder Maul bei Tieren:
dient, ihn selbst zu transportieren.

uzot

Wo sitzt das Laub zu Sommerszeiten?
Tun's Pferde sich, stört das beim Reiten.

zfuxyföüo

Wo man den Bär im Duden finden kann:
er wohnt bei Dir, und zwar gleich nebenan.

ozwßxzj

Traubenernte – Nagetier
steht als (Bücher)Wurm vor Dir.

püiüjzggü

Zum Anti-Stück sei hingelenkt,
das anders ist, als man es denkt.

tütüogüsp

Dem Glückstier reiß das Herze aus:
es wird ein bloßer Schimmer draus.

iwß(c)üso

Wer unser'n Wandschmuck will zerschlagen,
der ist als Künstler zu ertragen.

xspvßzfüj

Verboten ist es (oft bei Rasen).
So schweige ich, vernehm' ich Phrasen.

xügjügüo

Erntest Wein Du mal verkehrt,
ist das fast so wie ein Pferd.

püiü/üiüp

Was kommt beim ABC gleich
hinterher?
Zeus liebte sie, doch and're
sehr viel mehr.

ßüjz

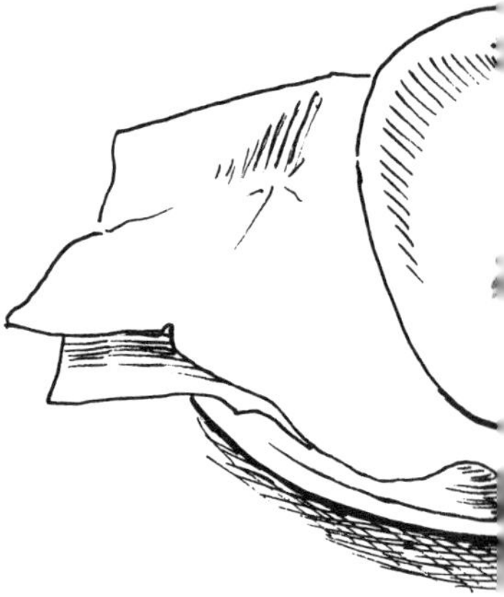

Männlich ist er und
ein Schwein,
spiegelt sich im Stock
vom Wein.

üxüj/jüxü

Ich hör' sie, doch ich glaub'
ihr nicht.
Im Ausland ist sie von
Gewicht.

xngiwßzug

Statt n ein g, doch bleibt
der Rahmen:
ein Raubtier kommt statt
Monatsnamen.

rz – o – fzj

Salz'ges Essen
als Schikane:
Ist der Wirt
ein Pyromane?

xjzovigsugüj

Wie kommt der Arzt an kranke
Innereien?
Ein Mittelwert, der kann es
prophezeien.

vfjwßiwßosgg

Tiererzählung in der Zelle
wirkt phantastisch, auf der Stelle.

uzxüpßzug

Weiches Licht mit hartem Kern
sehen im Advent wir gern.

q(üja)ü

FKK das Oberhaupt:
Männern gilt sie als erlaubt.

tpzgaü

Reichlich, doch gering Gewicht:
möglich, sicher ist es nicht.

dsüppüswßg

Mittels Sturz sich zu entleeren,
kann den Alltag recht erschweren.

vfjwßuzpp

Wir Menschen sind's im Leben sehr,
doch sind wir's erst, sind wir's nicht mehr.

düjiwßsüvüo

Von vorne eine Manneszier,
von hinten Gang bei manchem Tier.

xzjg/gjzx

Immer hin, immer her,
immer raten ist nicht schwer.

igügi

Des Feuerschluckers Gegensatz:
an Kirchen hat er seinen Platz.

cziiüjilüsüj

Sie sind Versager, doch sie dürfen nicht versagen.
An Haltestellen werden feste sie geschlagen.

osügüo

Ich bin nur gar zu gern sein Schmied.
Wer's per ist, braucht manch Requisit.

düji

Nimm einem Halbgott sein Haupt,
ein ganzer Gott hat Dir's erlaubt.

(ß)üjni

Eine Leiste – umgekehrt –
ist ein ganzes Kloster wert.

üggzp/pzggü

Wer Morgenfeuchtigkeit verschickt,
den hätt' ich gern bei mir erblickt.

gzfiüovüj

Er gibt 'ne Frist und hat Humor,
mit Strick und Vogel kommt er vor.

tzptüo

Er holt des Waldes König ein
und kann auch Seitenwaffe sein.

ßsjiwßuyotüj

Verkleinere ein Flächenrund,
dann dringt es oft aus Kindermund.

qjüsi – wßüo

Was langsam, ruhig bleibt für immer,
in Schloß und Burg ist es ein Zimmer.

tüözwß

Geld läßt sich immer gut ver------,
doch sollte man es nie versch------.

cüovüo

Setz mitten in Moneten du,
das gibt Beharrlichkeit im Nu.

tü(vf)pv

Eingesperrter LKW
ist verderbt, wie ich es seh'.

pzigüjßzug

Mit der Zensur für's Sitzgerät
bezahlst Du alles, früh und spät.

xzoqongü

Des Marktes Bude, nicht verwendet,
ist das, wohin man Rentner sendet.

jfßüigzov

Wie kann man ein
Beamtenschicksal nennen?
Weißt Du nicht ein noch aus,
wirst Du es kennen.

jzgpni

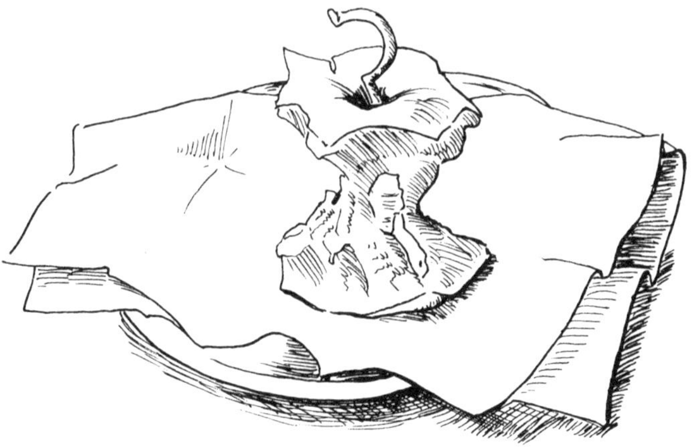

Hülsenfrucht, die Fühlung nimmt,
geht ins Auge ganz bestimmt.

qnogzqgpsoiü

Dauerrätsel im Wechselschritt

Ihn gibt's als Wurst, er hilft beim Warten,
man kennt ihn in sehr vielen Sparten,
als Nager (!) und um abzuführen,
mit Zucker ist er umzurühren,
als einen Reimer (!) kennst Du ihn,
als Rose, Kessel. Er soll zieh'n.
Ihn gibt's mit Löffel und mit Licht,
auch Ei und Kanne fehlen nicht,
er hat ein Blatt und auch ein Sieb,
und sein Gebäck, das ist Dir lieb.
Es gibt als Stube ihn und Haus,
auch bloß als Wagen kommt er aus,
mit Wasser kennst Du ihn und Tasse,
als Fernzug ist er erster Klasse.

güü

Mit D kann man fechten,
mit R ist er naß.
Den Jägern, den rechten,
kommt das H gut zupaß.
Sich r bringt den S
und hast Du des-w
auch Ärger, bleib' keß,
die Leut', die da-g
sich aufs Lotterbett l
mit dem Br, ihrem faulen,
die solltest Du schnell
hinweg-f und -graulen.

ütüo

Die a haben Weine,
die ü kurze Beine,
die o haben Schließer,
auf ie ie Genießer
am Strand und im Garten,
und e kann man Karten,
mit au will man waschen,
durch u was erhaschen.

p-z-tüo

Wie ist ein Schiff mit einem Loch?
Wird dann das Loch viel größer noch,
dann lobt den Zustand jeder Koch.

püwq–üj

Es gibt solch Jäger, Bulle, Frau,
man kennt auch solchen Ton genau,
solch Kätzchen, Sänger, Herr und Spiel,
auch solch Orchester gibt es viel,
man kennt solch Zofe und Musik,
solch Diener ist ein Domestik,
es gibt solch Junker und Gericht,
selbst solch Konzert im Kerzenlicht.

qzööüj

Sie gibt's mit Unheil und mit Heil,
mit Dank und Undank, Mann und Teil,
mit Wandel, Kost und Deut und Schein,
mit Offen, Zahl, Gestalt, Verein,
mit Schmied und Schwenk, mit Spiel und Schlag,
mit Stör und Greif und mit Ertrag,
mit Jagd, mit Schiff, mit Zahl, mit Halt,
mit Haft und Wunder, Koch und Spalt,
mit Steuer, Abruf und mit Schlacht,
mit Furcht und Frucht, mit Gang und Acht,
mit Abwasch, Umkehr und Verzicht,
mit Regel, Nutz, Beleg und Sicht,
mit Schmelz, Beweis, Ade, Vergleich,
mit Bild und Fehl, mit Reiz und Streich,
mit Ur, Gewinn und mit Verzehr,
mit Dreh und Mittel, Dienst und Wehr,
mit Form und Streit, mit Ruch und Brauch.
Es gibt sie zum Quadrate auch.

xzj

Grün ist er, und man muß auch sagen,
daß Tiere seinen Namen tragen.
Und er erfand mal einen Reifen.
Doch seine Rose zu ergreifen,
das würde Dir wohl kaum gelingen.
So manche werden es vollbringen
und unter seine Linie schlagen;
darüber muß man oftmals klagen.

tejgüp

Willst Du ungebunden bleiben,
darfst Du's nicht gesteigert sein,
dadurch würdest Du betreiben
Deine Bindung allgemein.

ujüs – üj

Nicht jeder An- gewährt auch Ein-,
beim Rück- wird das schon anders sein.
Ein Rund- ist meist auch Fern- und Über-
im Hin- auf einen Aus-. Darüber
bin ich im Augen- mir ganz klar.
Ich hab' den Durch-, das ist wohl wahr.
Zudem besitze ich auch Weit-,
das ist ein Licht- in schwerer Zeit.

xpswq

Es gibt solch Schmerz und solch Gericht,
solch Pferd und Rente fehlen nicht,
solch Koch und solche Eigenschaft,
solch Riemen, Wickel, Wäsche, Haft,
solch Binde, Wache, Arzt und Weh,
solch Rock, als Speise Frikassee.
Manch Rolle ist darauf geschrieben,
wer Ehre drin hat, ist zu lieben,
doch kann ein Teufel darin sitzen,
ist Krankheit drin, kommt man ins Schwitzen.
Man kennt mit Seele ihn und Leben,
und auch ein Herz kann's in ihm geben.
Man rückt zu ihm, kann von ihm bleiben.
Sich von ihm halten, heißt vertreiben.

püsx

Die a sind Teil der Krone,
sie fallen nicht heraus,
die e dagegen fallen
auf Tiere wie 'ne Laus.
Mit o tun es die Spieler,
sie tun's meist still und leis',
doch dürfen sie's mit u nicht,
sonst wär' zu hoch der Preis;
sie müssen ü die Börse
– und das macht niemand gern –,
es sei, sie machten i gar,
dann hält man sie sich fern.

a – z – wqüo

Sag', womit der Vogel frißt
und womit den Fisch man ißt.
Was hast mitten Du am Bauch?
Wie heißt Tiererzählung auch?
Wie nennt man nach Deiner Meinung
eine Draht-Elektro-Leitung?
In der Bibel ist zu lesen,
wo ein Turmbau ist gewesen.
Wer ermordete den Bruder
in der Bibel? Nenn' das Luder!

iwßozxüp
tzxüp
ozxüp
uzxüp
qzxüp
xzxüp
zxüp
cyjü xpzözxüp,
qzso

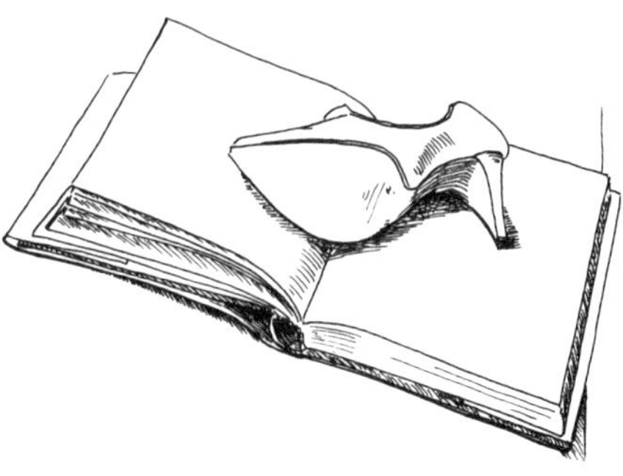

Steigere mal ganz gewitzt,
worin der Verbrecher sitzt,
schon kannst Du ihn selbst gebrauchen,
um zu stinken und zu rauchen.

qozig – üj

Willst Du widerborstig sein,
schreib mit b das Wort.
Lieferst Du dann Schiffe ein,
ist ein d am Ort.
Mit den L kannst Du bedecken
Deine P, na Gott sei Dank,
auch die S sind zu verstecken
fast das ganze Leben lang.
Bleib nicht h bei Dir zu Hause
an dem R mit seinem Faden,
mach mal lieber eine Pause,
laß Dich l von Kameraden,
geh' zum r, das heißt zum tanzen,
und die N mit ihren Wellen
kannst Du ruhig dann im ganzen
übermorgen erst bestellen.

nwqüo

Was Dir verdächtig früh und spät,
wird leicht zu einer Fruchtdiät
nur durch ein t in seinem Kern.
Du sollst nun raten, inwiefern.

nxi – g – qfj

Da ist ein dauerhaftes Wort.
Mit Gl machst Du's zum Stein sofort,
dem ist ein Sch und Fl zu eigen.
In Deinem Z kannst n Du zeigen
den Kr, den trägst Du draußen heiter.
Der Tr, das ist ein Schwerarbeiter.
Ein St, der braucht ein gut' Gehör,
sonst wird noch schl das Klangmalheur.
Der Schw – vertraulich sag' ich das –
ist stets von unten her ganz naß.

sööüj

Mach' einen alten Mädchennamen kleiner,
und zwar gleich doppelt. Dadurch wird er feiner.
Ein Mädchen ist bekannt durch seine Frage,
eins hilft dem Bruder schlau aus übler Lage.

tjügwßüo/–üp

Mit d enge Reih'n,
mit G schafft sie Pein,
mit L heller Schein,
mit n sagt man nein,
mit Pfl muß sie sein,
mit S Blick hinein,
mit Sch Stein auf Stein,
mit schl bieder/rein,
mit W ist er klein.

swßg

Gesucht wird ein Gebrauchsgerät.
Ich geb' Dir Wörter. Danach steht
das Suchwort ehrlich und korrekt.
Gleichzeitig aber ist versteckt
ein lustiger Beruf darin.
Freu Dich an diesem Doppelsinn!

Es steht nach Höhen, Teppich, Fisch,
nach Winkel, Längen, Käse, Tisch,
nach Spargel, Fahrten, Kunststoff, Grad,
Lautstärke, Nahkampf, Butter, Tat,
nach Küchen, Obst und Wasserstand,
nach Druck, Busch, Größen, Widerstand,
nach Kräfte, Drehzahl, Kurven, Jagd,
nach Wärme, Wiege, Silber, Takt,
nach Ölstand, Taschen, Durch und Koch,
nach Schritt, Steak und Kartoffel noch,
nach Temp'ratur, Land, Tiefen, Braten,
nach Fleischer, Fieber und Tomaten,
nach Tafel und Geschwindigkeit,
nach Wurst und Säge ist's bereit,
nach Aufschnitt, Plastik, Schlacht und Schabe,
nach Feder, Fleisch und Fang. Ich habe
auch nach Entfernung es gefunden,
an Lachs, Beck, Regen angebunden,
an Schinken, Wind, Belichtung, Brot,
an Spannung (und Barbier zur Not).

öüiiüj

Durch Altern wird es widerlich,
durch Stanzen aber wesentlich,
durch die Kultur unbürgerlich,
durch die Version wird's fürchterlich,
durch die Mission ganz öffentlich,
Ordination macht's jämmerlich
und der Skribent voraussichtlich.

ifx

Einst hat er mal den Stahl erfunden,
man hält ihn, falls er nicht entschwunden.
Man möchte ihn so gern erhaschen
den von den Herzen, Tricks und Taschen,
von Beischlaf, Fahrrad, Vieh und Laden,
ihn und auch seine Kameraden.

vsüx

So eine Zahl
ist allemal
als Material
phänomenal:
Mit Fr schickt man sie einfach fort,
mit Gr: Verkehrsweg in manch Ort,
mit J, da kostet sie viel Geld,
mit M regiert sie diese Welt,
mit N läßt sie die Sterne strahlen,
mit P, da mußt Du sie bezahlen,
mit Pr ist teuer sie im Preise,
mit s macht sie es sanft und leise,
mit Sch führt sie nach unten Dich,
mit Schl, da ist sie fürchterlich,
mit Tr, da ziehst Du sie Dir an,
mit W hält sie der Steuermann.

zwßg

Mal ist er voll, mal ist er rein,
fremd kann er und Dein eigen sein.
Es gibt solch Element und Bruch,
solch Note ist ein Richterspruch.
Man kennt solch Übung, Kunde, Leben (!),
es kann solch Art und Möbel geben,
auch solch Empfinden, solches Los,
solch ein Gefühl ist virtuos.
Es gibt solch Lehre, solches Kleid
und leider auch solch Widrigkeit.
Solch Mittel gibt's, die mannigfachen,
und seine Blüten führ'n zum Lachen.

igsp

Es gibt solch Urlaub, solche Schalen,
bei solcher Bar muß man bezahlen.
Es gibt solch Pflanzen, solch Organe,
auch solch Psychosen und Kumpane.
Solch Strafe liebt man sicher nicht.
Es gibt solch Reifen, Anstalt, Pflicht,
solch Fähigkeit und solche Dauer,
solch Richter prüft sie erst genauer.
Es gibt solch Glas, Befehl und Frist.
Weißt Du, was solche Reibung ist?
Man kann für sie entschädigt werden,
doch solch Verschärfung macht Beschwerden.
So manchmal setzt man sie auch aus,
und solch Entlassung führt nach Haus.
Manch einer kann sie unterbrechen,
sie sich erleichtern durch Bestechen.

ßzug

Ihn gibt's mit Gegen, Rück und Ein,
mit Vor und Unter kann er sein,
mit Auf und Ab, mit An und Aus,
mit Markt und Ehe, Öl und Haus,
mit Bei und Priester, Barometer,
mit Fahrrad, Wasser, Thermometer,
mit Zu und Hoch, mit Kopf und Hand,
auch Spiel und Messe sind bekannt,
zum Wider mancher sich bekennt,
der Braut ist Zwischen, niemals End.
Du brauchst mit Ver ihn permanent,
denn er ist Rateelement.

igzov

In Schl kannst Du fallen,
als St nicht mal lallen.
Br und H sind ein Tier.
Eine N ist die Vier.
Bei Sch fehlt das Licht.
Ein D bist Du nicht,
deshalb wirst Du vermeiden,
einen K zu erleiden.

fööüj

Er dient der Hand, er dient dem Ringer,
ist Taschendieben Beutebringer.
Mit Rück- geht er ans Eingemachte,
der Zu- und An- sind forsch, nicht sachte,
der Vor- führt später zum Entbehren,
beim Über- solltest Du Dich wehren,
für's Denken ist der Be- Garant,
der Ein- verändert den Bestand.
Ein Miß- wird oftmals Ärger bringen,
ein jeder Kunst- nicht gleich gelingen.

tjsuu

X-Tiere und X-Esel sind verwandt.
Der X-Held reißt sein X-Werk auf.
Durch X-Korb und X-Schellen man ihn bannt.
X-Taschen und X-Beeren ißt er drauf.
X-Trommel kann er spielen, weil
X-Sperre ihn verschont zur Zeit.
Er hält nur noch X-Affen feil.
Hast Du für X das Wort bereit?

özfp

Es gibt solch Reiterei und Bank,
solch Ordnung, Rede, Kurs, Gesang,
solch Weise, Wirkung, Formulare,
solch Summe, Strom, Verkehr und Jahre,
solch Steuer, Geld, Gesetz und Schritt,
und mancher macht solch Bad auch mit,
es gibt solch Rahmen, Schalter, Kasse,
solch Haft und Fälle gibt's in Masse.
Man kennt solch Fälschung, Balg und Fieber,
doch solch Beziehung hat ein Schieber.

cüwßiüp

Sie gibt's als Schauder, Laster, Fieber,
doch Fabel, Vorteil sind mir lieber.
Ich kenn' solch Dünkel, Ekel, Frauen,
solch Körper, Mangel, Bild und Grauen,
solch Märchen, Zweifel, Schemen, Tugend,
solch Schüler, Mädchen bei der Jugend,
solch Kumpel, Wechsel, Schatten, Meister,
solch Beuge, Trottel, Nebel, Geister,
solch Schuld und Schutz, solch Wehr und Herz,
solch Traum und Lager, Scham und Scherz,
solch Kind und Keim, solch Spaß und Zwang,
solch Trieb und Statt, solch Schmerz und Drang,
solch Zauber, Schicksal und Gewissen,
möcht' Glück und Muster nicht vermissen,
es gibt solch Schleier, Stümper, Schreck,
solch Gönner, Tölpel, Schwatz und Zweck,
solch Rätsel, Beispiel, Flegel, Dauer,
vor Einzel, Dunkel hab' ich Schauer,
solch Pöbel gibt's und solche Knaben.
Man kann sie krank und wahr auch haben.

ßzug

Mit b sind sie im Schrebergarten,
zum f läßt man die Sprinter starten,
mit g kann man die Wäsche waschen,
beim s das Ungeziefer haschen,
die n, die sollte man bezwingen,
und zu den t kann man was singen.

pzf – x – üo

Ich kenn' ein permanentes Wort,
das ändert seinen Sinn sofort,
stellt man davor ein zu, voll, an
und eigen, be, auch ver; sodann
kann man in allen diesen Fällen
davor die Silbe un noch stellen.
Noch boden, ge, nach rück und in
hat dieses Wort auch seinen Sinn.

igyovst

Sie waltet vielfach im Verkehre:
Als Rück- dient sie zu Deiner Ehre.
Du brauchst die Über- und auch Um-,
mit Weit- zu fahren, ist nicht dumm.
Zur Nach- sollst Du Dich stets bequemen,
Du mußt sie selbst in Anspruch nehmen.
Und nicht nur, um dein Ge- zu wahren,
sollst Du mit aller Vor- nur fahren.
Ging gute Ab- Dir einmal schief,
dann zeige Ein- definitiv.
Der Polizist, der führt die Auf-,
und seiner An- von dem Verlauf
des Tatgescheh'ns zu widersprechen,
gilt fast ihm schon als ein Verbrechen.
Auch seine Durch- von den Papieren,
die solltest Du nicht sabotieren.
In Hin- auf späteres Verfahren
sollst Du Dir alle Aus- bewahren.

iswßg

Mit a nimmt man ihn in die Hand,
mit e ein Dichter in dem Land,
mit i sind sie mit Band und Rand,
mit o oft außer Rand und Band,
mit ü sind sie der Rand vom Land.

q – z – igüo

Nimm eine Stadt in Franken
und männlich ihren Namen,
dann paßt er in Gedanken
zu Haus und Gut und Damen,
er paßt zu Mond und Türen,
zu Fürsten und zu Räten,
zu Narren und Allüren,
zu Fenstern und Geräten.
Mit Hund ist er gekoppelt,
mit Marschall, Amt und Dichter,
zur Burg gehört er doppelt,
Hausmeister unterbricht er.

ßnu

Steig're einmal, aber schnell,
ganz gewöhnliches Bordell:
und schon ist er wer, der prellt;
aus Kartoffeln hergestellt
ist er einfach delikat,
bildet Zone oder Staat.

lfuu – üj

Der Esel kann so sein, das Jahr,
der Edelstein, reif, seiden, gar,
auch Bildung, Schwester, Dunkel, Ton,
Zeit, Stadt und Stiefel, Zug, Pension,
der Schatten, Schlaf, das Schwergewicht,
das Leder, Messer, Blut und Licht,
das Wissen, Leinen, herzig, wach,
der Affe, Schuh, der Kreis, das Dach,
der Bruder, Mond, rund, voll, Totale,
die Insel, Kugel, das Finale,
auch bitter, offen, rechts und Part,
der Mast, die Kuppel, laut und zart,
auch stark, fett, lang, nackt, hoch und wertig,
die Welt, die Waise, Wolle, fertig,
der Stürmer, Leiter, amtlich, Gott,
Kanton und Deckung, staatlich, tot,
das Fabrikat, Metall sogar,
die Achse, Bildung, links und wahr.

ßzpx

Nimm ab von Dir ein Längenmaß,
setz' Köpfe auf ihm mal zum Spaß.
Mit D, da wär' sie fast ein Loch,
mit Z symbolisch Loch jedoch,
mit C, da ist es eine Stadt,
mit P ist's Haut und ziemlich glatt,
mit Sch gibt ab sie einen Klang,
mit W ist kurz sie oder lang,
mit St hat man sie oder nicht,
mit K ist sie für Maurer Pflicht,
mit F, da schwimmen sie Dir weg,
mit Qu entrinnt sie dem Versteck,
mit H ist alles licht und klar,
mit g ist's so was wie »nicht wahr«.

üppü

Sehr häufig gibt es ihn bei Zahlen
und leider bei solch Idealen
wie Freundschaft, Treue und auch Recht,
bei Achsen, Knochen ist er schlecht,
bei Waffeln, Keksen, Schokolade
und auch bei Bäumen ist er schade,
es gibt ihn bei den Eingeweiden,
beim Stein, beim Damm und bei den Eiden,
bei Hosen, Tüchern und Gesetzen,
Verträge kann man so verletzen,
es gibt sogar ihn bei der Jagd,
dort ist er allerdings gefragt.
Sogar als Neutrum kommt es vor,
dann allerdings als Sumpf und Moor.

xjfwß

Dies Rätsel öffnet Dir die Tür
zum nimmermüden für und für:
Mit Bierglas dient's der Reaktion,
ein Band macht's zur Versuchsperson,
durchs Log, da leitet's etwas ein,
mit per will's rein und sauber sein,
schon als Vision bringt's Dir Gewinn,
und ist's gar fit, dann ohnehin,
als These bleibt es nur Ersatz,
doch mit dem Test macht es Rabatz,
mit Babel klingt es ziemlich wahr,
als Motor fördert's Dich sogar,
durch die Motion gibt's grad den Grad
und durch Besatz den Druckern Rat,
als Vokativ, da fordert's raus,
und durch filieren sucht's Applaus,
durch einen Fan wird's säkular,
als Fund stellt es sich gründlich dar,
Beweise machen es zum Test,
und durch Zession wird's wie ein Fest,
mit Ton ist's Teilchen, superklein,
doch kann es auch befahren sein,
mit Gramm, da informiert es Dich,
und als Portion bezieht es sich,
Gott Pan macht es zu einem Gas,
als Nomen steht's für dies und das.

ljn

Es gibt solch Kapital und Geld,
solch Sprung. Wenn solche Flagge fällt,
dann ist das immer solches Zeichen,
von solcher Linie abzuweichen.
Solch Schuß macht solche Blöcke frei
und solche Löcher. Mogelei
soll'n solch Maschinen unterbinden.
Solch Hilfe kann man manchmal finden.
Es gibt solche Rampe, Platz und Nummer,
und solch Verbot, das macht Dir Kummer.
Solch Fläche gibt's und solche Bahn
und solch Erlaubnis. Ganz nach Plan
geht er mit seiner Automatik.
Da fehlt dann jede Problematik.

igzjg

Vor Ehen, Ehren, Offen, Essen,
vor Pinnen, Atz und – nicht vergessen –
vor Teuerung, vor Tauchen, Enden
– selbst dabei laß ich's nicht bewenden –,
vor Tauben, Pannen, Tand, Ionen
und Unken kann die Zeile lohnen.

düji

Er war ein Tiefenpsychologe,
zum Ernst gesteigert: Marmorklippen;
sie waren zwölf im Dialoge
mit ihrem Boß. Nun kannst Du tippen.

rfot/reotüj

Mit der kleinen Silbe »in«
hab' ich Lustiges im Sinn:
Aus 'ner Göttin mach' ich da
einen Staat der USA,
aus 'nem Würfel mach' ich schnell
einen Buhler auf der Stell',
aus 'nem Stop mach ich mit List,
was so in der Flasche ist,
und aus Schaumwein mach' ich Dir
ein geflügelt' Gliedertier,
aus dem dummen Jungen mach'
einen Prinzen ich danach,
aus Gestaltung mache ich
eine Neuigkeit für Dich.

so – vszoz, – qfxfi,
– ßzpg, – iüqg,
– uzog, – unjözgsno

Was Du tust, gibt's auch als ver,
hei und zu, bevor und er,
miß und wider, ab und be,
ent und an und auch mal ge.

jzgüo

Ich biete Wörter Dir als Kenner:
Studenten, Meister, Stück, Druck, Männer,
Kunst, Ferien, Frauen, Leiter, Tage.
Nun kommt die große Rätselfrage:
Wie heißt das Wort, das vornean
und auch dahinter stehen kann?
Bringst Du ein kleines s mit ein,
dann könn's noch weit're Wörter sein,
die vor und nach das Suchwort passen:
Gemeinschaft, Unterricht, doch lassen
auch Leitung, Uhr, Vertrag, Bahn, Chor
sich seh'n dahinter und davor.

cüjq

Es gibt solch Wohnung, Schlaf und Lager.
Und nun der eigentliche Schlager:
Die drei bedeuten ganz das gleiche
im zwischenmenschlichen Bereiche.

xüs

Stell' vor ein Wort die Silbe in,
so wird dadurch verkehrt der Sinn:
Sei HEUTE so und MORGEN so,
nicht heute SO und morgen SO.

so – qnoiükfüog

So manche bitt're Ironie
läßt leicht sich ins Gespräch ein -------,
doch Vorsicht, Freund, Du weißt ja nie,
vielleicht wird sie Dich doch ein -------.

ig – jüfüo

Kürzer und knackiger

Durch nutzlos' Zeug entsteht ganz schlicht
die breiteste Gesellschaftsschicht.

ösggüpi-gzov

Ausleihen heißt es. Permanent
macht's Dir den Gegenstand latent.

düjxnjtüo

Ein kleines Holzraummaß
regiert uns, wie ich las.

ösos – igüj

Wer einen falschen Schritt gemacht,
ist als Ersatzmann nur gedacht.

düjgjügüj

Zeigt bei solch Fahrt solch Gang sich stark,
trifft solche Krankheit bis ins Mark.

iüü

So wie ein Sternbild ist manch Blick,
kommt er zur Kuh, dann wird sie dick.

igsüj

Ist in guten Kameraden:
Zeit für kurze Eskapaden.

ujü(sig)fovü

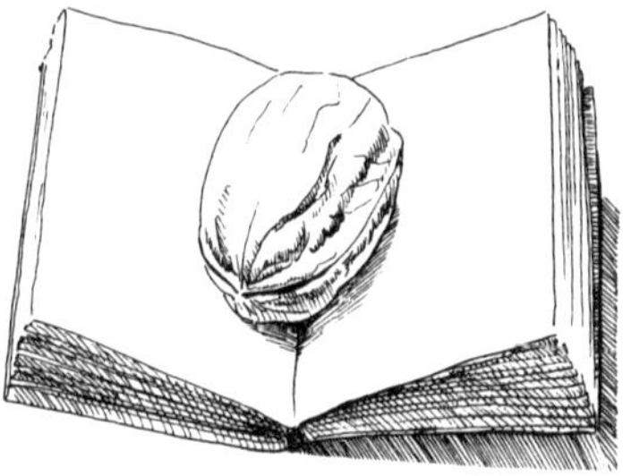

Irdene Koranabschnitte,
Mönchen auf der Köpfe Mitte.

gnoifjüo

Wenn DU weißt, was ein Spukland ist,
weiß ICH gleich, was Du selber bist.

tüsigjüswß

Dem Segelschiff füg' Karten zu,
Motorschiff wird es dann im Nu.

xzjq-ziiü

Wo man sich naß berieseln kann,
so spricht geflecktes Pferd man an.

vfiwßüwqü

Zermalme mit den Zähnen flache Kuchen!
Dort kannst Du Tante Emma suchen.

qzfupzvüo

Eins nicht wenig, zwei nicht schwer,
eins-zwei: hoffe (nicht zu sehr)!

dsüppüswßg

Des Heilverfahrens Ort:
am Ostseestrande dort.

qfjpzov

Zwei Worte: FÜR Experiment.
Ein Wort: Dagegen vehement.

ljngüig

Starkes Seil mit Machtsymbol:
Wechselgüte ist das wohl.

gzfiwßcüjg

Man kann ihn wärmen, zählen, suchen
und seine Schläge auch verbuchen.

lfpi

Spenden kann man ohne Geld,
wenn das Wort nur richtig fällt.

gjnig

Gesinnungsfarben-Azubi,
Streichmittel ist er, aber wie?

jngigsug

Man tut's mit Schellack,
Salz und Blicken
und oft auch schriftlich
(zum Verschicken).

usbsüjüo

Der Konsument
qualmt jederzeit
an einem Wort
der Tätigkeit.

düjx – jzfwßüj

Der reiche Onkel,
wird er – – – – – – – ?
Ich hoff's, ich kann nur
dann er – – – – – – –.

ig – üjxüo

Er ist kitzlig,
dunkel und
springend, schwach und
tot und wund.

lfoqg

Ohne Augen
leise gehen:
selten kann man
sie nur sehen.

xpsoviwßpüswßüo

Des Fischfetts Sendung
– ohne Fragen –
ist, Energie zu
übertragen.

gjzoi – ösiisno

Wo tritt der Herzschlag Dir zutage?
Anregung ist er ohne Frage.

sölfpi

Gebacken ist er und in Form,
stört den Verkehr meist ganz enorm.

zfupzfu

Ist Dir vom Lied ein Stück genug,
dann dividiere einfach klug.

güspcüsiü

Vorwärts ist sie ziemlich streng,
rückwärts sieht man's nicht so eng.

jütüp/pütüj

Einzeln kann als Platz sie nützen,
doch als Mehrzahl soll'n sie schützen.

lzgjnoü

Ein Dichter ist's von Kopf bis Zeh,
am Ende mit und ohne t.

lnü(g)

Durstbezwinger (heiter)
ist Feuerwehrleiter.

xjzovöüsigüj

Ein Wort: Kassieren mit Vergnügen,
getrennt wird's später Dir genügen.

üsoig – jüswßüo

Almosen schnorrt er in der Stadt.
Oft fehlt ihm, was er an sich hat.

xügg – püj

Was auf das Weltall ist bezüglich,
wirkt ohne s auf Dich vergnüglich.

qn(i)ösiwß

Wo Kellner so wohnen,
führt in London zu Thronen.

nxüjßzfi

Veraltetes Rückweg-Gefährt:
als Antwort billig, doch bewährt.

jügnfjqfgiwßü

Den Geldschrankknacker übermannt,
was uns als Übelkeit bekannt.

xjüwßjüsa

Treib nicht mit Alkohol, ich bitte,
was bei dem Britenmädchen Sitte!

öshxjzfwß

Wie Du mit Deinen
Freunden bist,
so auch das längst
Verlor'ne ist.

lüjvf

Es bringt der menschliche
Verschluß
den Dirnen Lust und auch
Verdruß.

afßypgüj

Klein/Kunst/Reime

Der erste ist ein hohes Tier
im Klosterwesen. Merk ihn Dir.
Das zweite führst Du zu Gemüte
Dir bei 'nem Frühstück erster Güte.
Die dritten sind in Deiner Brust
und dienen Deiner Lebenslust.
Zusammen sind sie von Natur
die Glieder einer Einheit nur.

zxg – üs – pfotüo

Das erste möchte jeder sein,
doch ist das oftmals bloßer Schein.
Im zweiten drückt sich jeder aus,
zur Umwelt hin und auch zu Haus.
Den dritten gibt es – wie bekannt –
als Straße und auch an der Hand.
Beim vierten muß man's manchmal wagen,
ihn bis zum Ende auszutragen.
Der ganze – das sei zugegeben –
ist sozusagen unser Leben.

ujüs – igsp – jsot – qzölu

Der erste ist ein Hund,
die zweiten, das sind Jungen,
doch beide im Verbund
als Welpen ganz mißlungen.

ilsga – xfxüo

Wer das zweite will erstehen,
braucht dazu den ersten sehr;
und er muß aufs ganze gehen.
Danach fällt es meistens schwer,
sich nach zwei-eins umzusehen.
Dazu reicht das Geld nicht mehr.

jzg – ßzfi

Das erste ist für Dich stets frisch.
Den zweiten kannst Du auf den Tisch
des Amtes seines Namens tragen,
doch kannst Du ihn auch unterschlagen.
Der dritten gibt es auf der Welt
sehr viel mit eigen Macht und Geld.
Der ganze ist ein Tier von Rasse
und mit der größte seiner Klasse.

oüf – ufov – pyovüj

Das erste gibt's als Stand und Frage,
als Zeichnung, Wert, als Teil und Klage,
es heißt mal »zu«, mal »für«, mal »wider«,
»annähernd« und auch »nach« ganz bieder.
Der zweite ist von Kraft ein Zeichen,
kann der Bewegung auch mal gleichen,
ist Umriß, Schluck und Schar und Wind,
zeigt, wie man ist und wie man sinnt.
Der ganze war zu allen Zeiten
nur immer Antwort auf den zweiten.
Normalerweise kann's im Leben
den ganzen also dann nur geben,
nachdem der zweite ist geschehen.
Nur bei der Bahn kann's anders gehen.
Dort muß der zweite oftmals warten
auf einen ganzen, darf erst starten,
nachdem der ganze ist vorbei.
Es ist die reinste Hexerei!

tütüo – aft

Ich möcht' beim Biere Dich belehren
und einen Rettich Dir verehren.
Und dazu gebe ich Dir Bäume
voll Laub. Du glaubst, ich träume?
Mitnichten, denn vereint das ganze
gibt eine kleine Wurzelpflanze.
Und siehst Du das so recht nicht ein,
dann geb' ich zu: es ist gemein.

jzvs – üiwßüo

Den ersten kennt man längs und quer
und auch von einer Schere her.
Das zweite kennt man von den Gatten,
man findet's oft auch auf Krawatten,
es ist so eine Art Modell.
Zum dritten sag' ich offiziell,
Du kennst von Lampen ihn, vom Schießen,
kannst ihn als Bauwerk auch genießen.
Vom ganzen hat den Hauptgewinn
als Amateur die Schneiderin.

iwßosgg – öfigüj – xntüo

Sportfischer an der Elbe,
die sind nun mal dasselbe
wie Amis und wie Briten.
Das läßt sich nicht verbieten.

zotüp – izwßiüo

Das erste sollst Du Deinen Vater
und auch die Mutter (denk ans Beten).
Zum zweiten – rat' ich Dir als Rater –
so sollst Du niemals etwas treten.
Den dritten findest Du beim Weisen,
Du wirst ihn auch vom Anstoß kennen.
Um alles viel Geschichten kreisen,
man durfte ihn einst Festung nennen.

üßjüo – xjüsg – igüso

Den ersten trägst Du mit Dir rum,
Du überlegst, wie und warum.
Das zweite macht Dir einfach Spaß.
Du suchst Dir's aus nach Lust und Maß.
Beim eins-zwei üben Offiziere
und and're ähnlich hohe Tiere.
Der zwei-eins aber wird erstellt
in Kino- und Theaterwelt.

lpzo – ilsüp

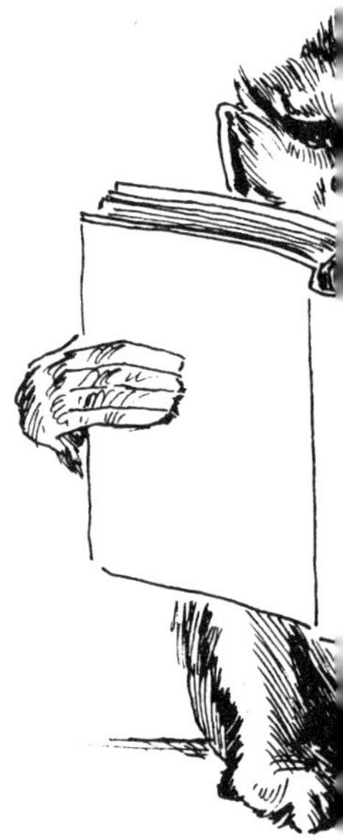

Der erste steht
vor Sahne,
der zweite steht
am Mast,
der ganz ist
Schikane
an Grenze und
Palast.

iwßpzt – xzfö

Mir grauset vor der ersten Neid,
die Dämmerung, das ist ihr Kleid.
Die zweiten springen, sind Mariechen
und können längs der Lunte kriechen.
Den ganzen, männlich und auch schön,
hört man als Freude mit Getön.

tmggüj – ufoqüo

Der erste, der ist jung und frech,
man fängt ihn gerne ein.
Die zweite ist aus dünnem Blech,
kann auch aus Kunststoff sein;
fühlt man zur Eile sich gedrängt,
dann drückt man mächtig drauf.
Die ganze ist zwar meist beengt,
doch immer obenauf.

vzwßi-gfxü

Den ersten gibt's
als General und wild,
das zweite dick,
auf happy oft gedrillt.
Das ganze tritt
für alle sichtbar ein,
nachdem der ganze
aufhört, es zu sein.

igjüsq – üovü

Amboß, Labyrinth und Hammer.
Such für diese eine Klammer.
Setz ein armes kleines Kind
an die Klammer dann geschwind!
Na, was glaubst Du, was geschieht?
Es entsteht ein Dauer-Lied.

nßj – cfjö

Der erste ist ein Viertel seiner Zeit.
Die zweite ist die Hälfte ihrer Zeit.
Die ganze ist ein Teil des ersten
und – magst Du auch bersten –
Teil aller zweiten auch.
So ist's der Sprache Brauch.
Hängst Du der ganzen ein Schwänzchen an
nebst einem Spielzeug, so hast Du dann
ein Tanzvergnügen besonderer Art.
Hast Du es gewahrt?

inööüj – ozwßg – i – xzpp

Im ersten lebt so manches Tier
und auf ihm regt sich der Polier.
Den zweiten gibt's von Kreis- bis Welt-,
als Fachmann kostet er viel Geld.
Der ganze ist Gefängniswärter,
wenngleich nur ein von mir verzerrter.

xzf – öüsigüj

Die erste ist Geschmack der Zeit.
Die zweite wird Dir zugeteilt.
Die ganze gibt Gelegenheit
für den, der oft im Fernsehn weilt,
Leute reden zu lassen,
im Streiten
zu leiten
und zusammenzufassen.

önvü – jzgsno

Dem Zählmaß bei den Pfarrbezirken
füg' einen Ladenschwengel bei.
Damit kannst Du es leicht bewirken,
daß es ein altes Schiff nur sei.

iüüpüo – düjqyfuüj

Maschinen- oder Fahrzeugteil,
das ist mein erstes. Ich verweil'
dabei nicht länger, komme gleich
zur zweiten. Die stammt vom Bereich
der Götter, die schon längst verblichen.
Zeus hat sich was bei ihr erschlichen
und machte sie – ertappt – zur Kuh,
bewacht von Argus immerzu.
Die dritte ist ein Männerbund
mit mysteriösem Hintergrund.
Der ganze ist ein Spezialist,
der Kranken oftmals hilfreich ist
(es weiß durchaus nicht jedermann,
wie man so richtig strahlen kann).

jzv – sn – pntü

Eins zwei besteht des Gangsters Zeit,
verfolgt ihn erst die Obrigkeit.
Hat sie ihn dann, bei den Verhören
wird er auf manche Einszwei schwören.

zfi – upfwßg

Es gibt Poeten ganz speziell
für ein Getränk. Da staunst Du, gell?
Den kleinen Tip will ich Dir geben:
Denk an Gefäß, an schwarz und kleben.

güü – jüsöüj

Der erste ist Erfinder einer Probe,
man hängt was an ihn, aber kaum Gard'robe,
reißt sich was drunter, und dort ist es schwarz,
ihn auf den Kopf zu treffen, man erwart's,
es gibt ihn immer wieder neu,
an meinem Sarge ich ihn scheu'.
Der zweite ist 'ne Affenart,
mit fertig ist er oft gepaart,
solch Schaden wird man gern verschleiern,
ihn gibt's als Mus, als Schuh, mit meiern.
Der ganze ist uns wohlbekannt,
liegt sozusagen auf der Hand,
wir können ihn bequem beschauen,
bei Männern kaum, doch oft bei Frauen.

oztüp – pzwq

Wer in dem Stift das Sagen hat
und wessen Meister Hauptmann war,
zusammen werden beide glatt
ein Lokus. Das ist sonderbar.

zxg – jsgg

Du kannst aus meinen ersten trinken,
und manche Menschen, die Dir stinken,
die nennst Du so, ganz ungerührt.
Der zweite Dich hinweg oft führt.
Du kannst in ihm gleich doppelt stehen,
bei einem Lauf kannst Du ihn sehen.
Du kannst in ihm marschieren, an ihm sein,
wenn Du ihn machst, ist er nur klein
und wird sich, war er gut, doch lohnen.
Du kannst auch richtig in ihm wohnen.
Und stehen beide tête-à-tête
wird's physikalisches Gerät.

upziwßüo – aft

Ein Möbelstück der Monatsmitte
im alten Rom, das rate bitte!
Dann stellst Du fest: Du bist's mit Dir,
ich übrigens bin's auch mit mir,
und überhaupt es soll und kann
nur mit sich selbst sein jedermann.

svüo – gsiwß

Der erste ist ein grober Fisch,
das zweite deutsch am Rhein.
Der ganze ist zwar nur ein Wisch,
doch bringt er Geld Dir ein.

xzjiwß – üwq

Das erste kann man oft nicht reichen.
Ist's rein im Rheine, Fragezeichen.
Am Finger findest Du die zweite,
von Gipfeln ist es nur der breite.
Und willst Du in die Luft mal gehen,
kann's an der ganzen gut geschehen.
Dort findest Du auch die Athleten,
die Rad fahr'n, ohne je zu treten.

cziiüj – qfllü
(jßmojzv)

Goethes und auch Schillers Held
ist mein erster. In der Welt
war er Feldherr und hielt Statt.
Da er auch Gefolge hat,
nehm' ich die (denn es sind mehr)
gleich mal als mein zweites her.
Hast Du beide recht im Sinn,
fliegen sie im Sturm dahin.

zpxz – gjniiü

Eins ist als Ruprecht Dir bekannt.
Zwei gibt's als Teil an jedem Land.
Den drei (ver)trägt man (oder nicht).
Die Mischung schafft mehr Übersicht:
Den zwei-drei braucht der Reitersmann,
der drei-zwei liegt sehr eng ihm an,
drum muß er in der eins-zwei leben
von seinem drei-eins. Das soll's geben.

qoüwßg – iwßzug – igsüuüp

Das erste ist Kartoffelbrei.
Der zweite ist ein Fluß, der frei-
lich meist im Kreuzworträtsel fließt.
Der dritte Volk und Land erkiest.
Der vierte ist ein Teil vom Schuh.
Der ganzen sieht man gerne zu,
man hört von Jungen wie von Greisen
sie als ein Kneipenvorbild preisen.

öfi – güj – csjg – iwßzug

Sei so kühn und so verwegen,
einen Lotsen zu zerlegen.
Bezahl dem Staat den ersten Teil.
Der Rest dient Dir zu Deinem Heil.

igüfüj – xüjzgüj

Im eins, da solltest Du nicht sein.
Mit Leber ist er ganz gemein.
Laß ihn bei seinen Wassertieren.
Treibst Du den zwei? Nur nicht genieren!
Der drei gehört zum Kartenspiel,
ist typisch deutsch, das sagt Dir viel.
Und nun das vier: Es gibt ein Wort,
wenn vier man will – so heißt es dort –,
so soll man geben (das sagt Goethe).
Das alles bringt Dich kaum in Nöte.
Du findest sicher eins bis vier.
Du brauchst es manchmal, sag' ich Dir,
vor allem für die großen Sachen,
die Dir sonst zuviel Mühe machen.

gjzo – ilnjg – fogüj – oüßöüo

Verbind' alsbald in aller Eile
mit Schwerem. Um es zu erlangen
bedarf man auf dem hohen Seile
am Anfang noch der langen Stangen.

tpüswß – tücswßg

Den ersten findest Du als Flur.
Den zweiten aber kennt man nur
als Kreuzworträtselstandardwort.
Für Holz ein Raummaß ist es dort.
Die dritte – geh nur auf die Suche –
ist an dem Tisch mit grünem Tuche,
auf dem man manche Kugel stößt.
Wenn Du's bis hierher hast gelöst,
dann weißt Du, daß die eins-zwei-drei
gesucht wird von der Polizei.

tzot – igüj – xzovü

An was liegt häufig es im Winter,
wenn der Dir drauffährt, der dahinter?
Die Antwort gibt Dir separat
ein kleines Tier aus einem Staat.

zö – üsiü

Den ersten gibt's als Saat und Boot,
es trägt und fliegt ihn sein Pilot.
Das zweite kann man blond besitzen,
man spuckt's und kann es auch verspritzen.
Das ganze gärt, ist Milch gewesen
und bei Herrn Schiller nachzulesen.

vjzwßüo – tsug

Mein erstes: ein Verhältniswort.
Es steht an ganz verschied'nem Ort.
Vor Leid und Spiel, vor sein und tragen,
vor Blatt und Heft, vor Stand und Wagen,
vor Schlaf und Rat und vor Geschmack,
vor Fall und Werk, vor Strich und Pack,
vor Mischung, Ordnung, Wort und Satz
und vielen andern hat es Platz.

Der zweite kommt als Mensch im Sitzen
schnell vorwärts und meist ohne Schwitzen.
Er nimmt statt seiner beiden Beine
nur Räder, große oder kleine.

Der dritte hat verschied'nen Sinn.
Der Hund macht ihn. Die Schneiderin
erzeugt ihn bei den Kleidungsstücken.
Mit Bad und Fleisch kann er sich schmücken.
Ihn gibt's als Gruppe, Riese, Platz,
auch klappt er mal als Untersatz.

Zusammen ist – man merkt's sofort –
für Besserwisser das ein Ort.

xüs – uzßjüj – isga

Nimm her eine Präposition
und den, der im Bett sich bewegt.
Häng' daran eine Korporation.
Die ganze – und das ist belegt –,
die haben wir heute,
doch nicht alle Leute.

exüj – upfh – tüiüppiwßzug

Das erste mußt Du, willst Du trennen,
der zweite träumt, sei nicht perplex,
zusammen sind als Tag zu nennen:
Beteiligte am Gruppensex.

isüxüo – iwßpyuüj

Als erstes rate bloß mal bloß
(solch Tänzerin ist sittenlos).
Der zweite wird recht oft getrieben
mit dem, was wir zu heftig lieben.
Die dritten Ahnen machten bald
drittbar den damals dritten Wald.
Und für die ganze gibt's Vereine,
dort lebt man frei im Sonnenscheine.

ozwqg – qfpg – fj

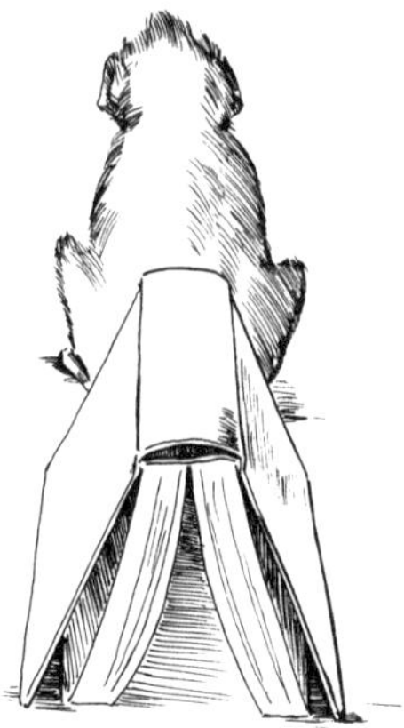

Noch kürzer, noch knackiger

Ein Nimrod der Berufsbekleidung
gibt seiner Frau den Grund zur Scheidung.

iwßejaüorytüj

Trittst Du in das vorwärts ein,
liegt im rückwärts noch Dein Sein.

püxüo/oüxüp

Ein Zweiglein mit Schluß
den Ort wechseln muß.

jüsi – üovü

Ein Gürtel um den Bauch
des Nutztiers, gibt's das auch?

dsüßqnllüp

Ein Makler bleibt – das ist gediegen –,
womit die Frauen Kinder kriegen.

ösggüpi – özoo

Den Kehrricht Deiner Pferdestärken
wird uns're Müllabfuhr nicht merken.

püsigfotizxuzpp

Das Gremium, das kennst Du schon
als Abfall bei der Produktion.

zfiiwßfh

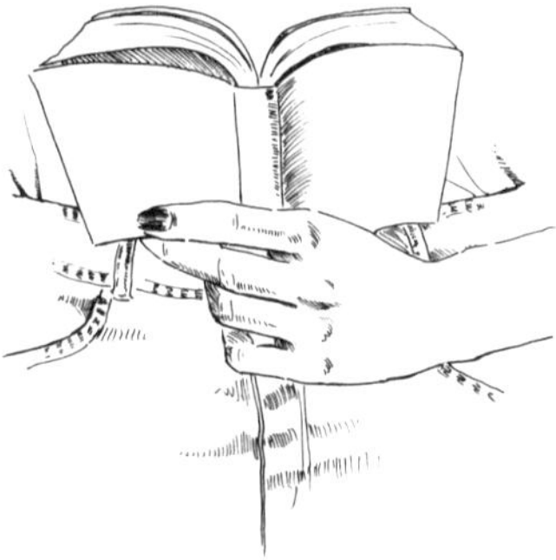

Als Münze eine Kleinigkeit,
mit m darin: Bescheidenheit.

vü(ö)fg

Ein Schiffstau, ja, das ist mein Wort,
rückblickend aber wird's ein Lord.

jüül/lüüj

Des Seilermeisters Warenproben
sind für die Handarbeit zu loben.

igjswqöfigüj

Kühne Kämpfer, sie verkamen
oft im Krieg zum eig'nen Namen.

vjzfutyotüj

Haushalt einer Britenmaid,
deren man den Schurken zeiht.

ösiiügzg

Was einen Kapitän ernährt,
das ist auch als Rezept bewährt.

lzgüog

Durch Hinterlist entsteh'n geschwind
die Teile, die im Zentrum sind.

ösggüpi – gewqü

Woraus besteht der Inhalt jener netten
mit vollem Recht beliebten langen Betten?

zfiupfh

Die Vögel wandern so und singen,
Vokale bringen sie zum Klingen.

ösgpzfgü

Die Altersklasse kann entgleiten
zur Menge Deiner Erbeinheiten.

tüoü – jzgsno

So strebt nun mal der Taschendieb.
Im Hause ist uns gute lieb.

ozwßxzjiwßzug

Kühn, gesteigert, ist gelehrt,
wird gepriesen und verehrt.

unjiwß – üj

Weinstöcke allererster Klasse
sind's, die ich hier als Trachten fasse.

xüigjüxüo

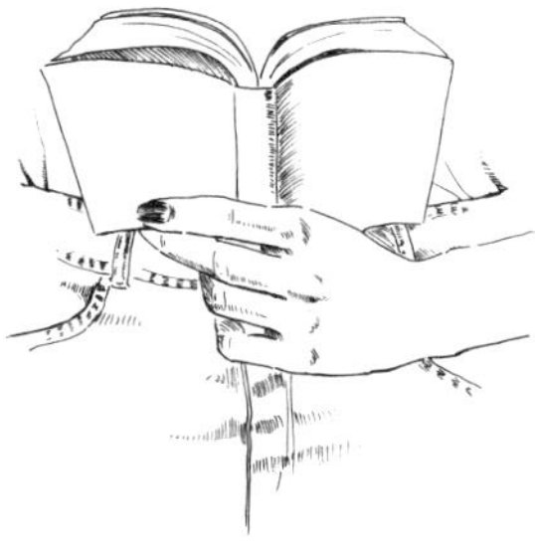

Durchblutungsmittel ortsverändern:
Haudegen sind's mit Ordensbändern.

qzöluüjuzßjüo

Wird die Gesellschaft klassenlos,
versetzt ihm das den Todesstoß.

püßjüj

Belagerer sind einfach Wort:
Es wurde Wort die Festung dort.

üogiügag

Die Nissen stammen aus Bereichen
wie Lümmel, Schlingel und dergleichen.

pzfiürfotü

Zwar ist sie Zahl, doch läßt sie sich nicht zählen.
Man fischt im Trüben, um sie auszuwählen.

vfoqüpasuuüj

Sei jenem Gotte anempfohlen,
der rückwärts Ware ist (gestohlen).

üjni/injü

An der Absicht konferieren:
Tropengüter fabrizieren.

lpzo – gztüo

Die Hühner tun's und auch die Narren,
nach Regen können sie verharren.

pzwßüo

Sportlers Zeit mit seinem Lehrer:
Grund für viele Spätheimkehrer.

exüjigfovüo

Wen schaut Isolde wie
bei Todesmelodie?

gjsigzo gjsig zo

Folgerung mit Arbeitsform,
Beifall ist danach die Norm.

iwßpfhzqqnjv

Wo etwas fehlt, wird er konkret,
er ist's, der durch sich selbst entsteht.

tjzxüo

Von ganzen zwei Pfund Honigwein
der Epiker. Wer kann das sein?

qspn – öüg – üjayßpüj

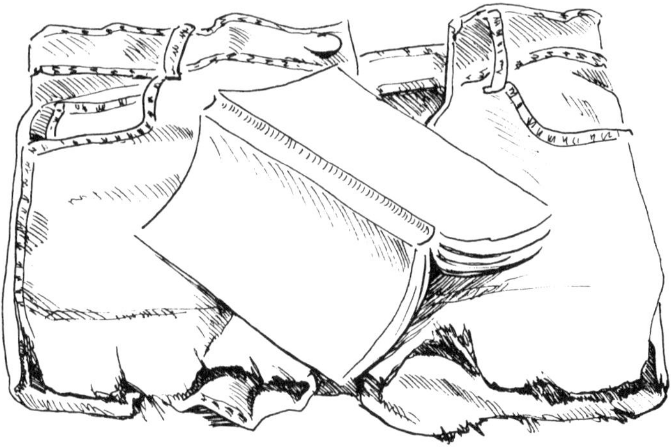

Man braucht sie, um den Reim
zu bauen,
und kann damit die Post
betrauen.

düjiüovfot

Vieldeuteleien

Mein Wort kann wirksam/nützlich sein,
auch arglos/lieb und obendrein
geeignet, wertvoll und auch fast,
genügend, reichlich/groß. Du hast
es schon als leicht und schön benutzt,
als wohlbekannt. Sei nicht verdutzt,
denn einverstanden heißt es auch.
Und selbst als Hauptwort ist es Brauch.
Dort heißt es Geld und Material,
auch Ware, Hof und Kapital.

tfg

Der Jüngling ist's in eine Maid,
der Stoff durch Sonne und durch Zeit,
hat sich's der Jäger, tut's ihm leid.

düjiwßniiüo

So steht man da, so sieht man aus,
solch Witze finden kaum Applaus.
Es gibt solch Stock und solch Gesicht,
Sau, Huhn, Geschichte fehlen nicht,
Gerede, Zeug und auch der Streich,
der Kerl, die Sache, das Geseich,
auch Junge, Luder und ein Stroh.
Wer's ist, dem fehlt was irgendwo.

vföö

Man kann ihn machen, er kann greifen,
man kann aus Angst vor ihm auch kneifen.
Manch Mensch und Wort ist fehl an ihm,
ihn zu behaupten, legitim.
Man kann ihn auch für etwas lassen
und ihn bezahlen an den Kassen,
es gibt ihn gleich in ganzen Gruppen,
er kann sich als belegt entpuppen.
Man kann ihn sparen oder finden,
manch einer muß von ihm verschwinden,
man kann ihn wechseln oder mieten,
es ist erlaubt, ihn anzubieten.
Zum Siege langt er nicht direkt,
von ihm sich heben, heißt Respekt,
den seinen kennen: angemessen.
Und ist er klein, kann man ihn essen.

lpzga

Beton' ein Wort gleich zu Beginn,
dann gibt es einen faulen Sinn,
betonst Du aber Silbe zwei,
dann wird es gleich der letzte Schrei.

önvüjo

Der Vogel hat sie und ein Pferd,
das Flugzeug und die Phantasie,
bei Häusern sind sie auch bewährt,
es spielen drauf die Musici.
Es braucht ein inneres Organ
sie ebenso wie jede Front,
beim Fußball ist es zu bejah'n
auf sie zu spielen, wenn gekonnt.

upetüp

Bauwerk ist sie, oft aus Gold,
Turner machen sie gewollt,
sie kann breit sein, hoch und kühn,
schwankend, hölzern, hochzuziehn,
steinern, stählern, schmal und lang,
für ihr Schlagen sagt man Dank.
Für Kommandos soll sie dienen,
auch für Zähne, die Ruinen,
selbst fürs Sprengen kann sie taugen,
aber auch um Staub zu saugen.
Wer sie abbricht hinter sich,
der ist meistens ärgerlich.

xjewqü

Schöpfen kann man ihn und holen,
Pausen macht man meist verstohlen,
zu ihm kommen, nach ihm ringen,
manchmal wird Dir das gelingen,
und auch jemand drin zu halten.
Er hat mancherlei Gestalten,
nämlich kurz und tief und lang.
Ist mit Not er, wird Dir bang.
Manchmal bist Du außer ihm,
doch sein Zug ist legitim.
Aber hältst Du ihn mal an
oder stockt er dann und wann:
laß Dich seiner nicht berauben!
Wirst Du mir zum Abschluß glauben,
daß es mit Gesäß ihn gibt
(musikalisch, wenn's beliebt)?

zgüö (z güöln)

Den Topf erfand er,
Lichttempo sann er,
den Brief erhielt er,
dem Weine dient er,
in Frankfurt steht er,
am Tiber lebt er,
die Straßen schuf er,
frech hat als Ruf er.
Ist Dir parat er,
mein lieber Rater?
Mach kein Gezeter:
im Brockhaus steht er.

jmöüj

Manch Mensch hat sie, manch Tier, der Baum,
manch Zahn, manch Uhr und selbst der Schaum.
Verdient man sie, dann kaum im Traum.

qjnoü

Auf Festen kann und soll man sie beschauen,
es tragen groß nur Damen sie, nicht Frauen.
Man macht sie vor solch Spiegel an solch Tisch.
Und solche Frau macht nach Gebrauch sie frisch.
Es gibt privat sie und auch öffentlich.
Ihr Fehlen – wenn man muß – ist fürchterlich.
Solch Seife und Artikel sind von Nutzen,
und solch Papier dient, um was abzuputzen.

gnspüggü(o)

Die Marke hat ihn, auch die Zeit,
er ist am Eck und Mahl bereit,
bei Affen ist er äußerst schnell,
an Milch nicht lange aktuell,
man hat ihn drauf, man legt ihn zu,
ist weis er, raubt er oft die Ruh',
es gibt solch Rad, es gibt ihn steil,
von Augen, Schneide ist er Teil,
so manchem muß man manchen ziehen,
fühlt man Dir drauf, willst Du entfliehen,
ihn gibt's als Fleisch, er hat ein Bett,
hat Hals und Bein, ist am Billett.

azßo

Der X will nicht gebunden sein,
die X ist rund und flach und klein,
das X spielt einzeln man zu zwein.

isotpü

Das Auto ist in ihm, das Haus,
verkaufen kann man auch daraus,
mit ihm benennt man Höhe, Lage,
auch eine Klasse ohne Frage,
gut kann er sein, auch leicht und schwer,
ein dritter, letzter und noch mehr:
er ist auch schlecht und geistlich gar,
man nimmt selbst seine Arten (!) wahr,
ihn gibt's als Foto, Punkt, Gericht,
als Geld, Quartier, als Ort und Licht,
er gibt das Gas, hat Recht und Bein,
kann Bild und Spur und Uhr auch sein,
er ist an Haft; und äußerst barsch
bläst man mit seiner Pauke Marsch.

igzov

Die Sonne zieht es und der Strumpf,
im Weine ist es wen'ger Trumpf,
man schlägt es ab und kann es lassen,
es tief und still zusammenfassen,
es schießt in Augen, läuft zusammen,
kann aus 'ner Stadt am Rheine stammen,
man gräbt es ab und schlägt hinein,
vom allerreinsten kann es sein,
manch einer trägt es in den See,
kann's niemand reichen, das tut weh,
und Leute gibt's, die bau'n daran,
von seiner Stirne tropft's dem Mann,
es fällt so manches da hinein,
man kann damit gewaschen sein,
sich drüber halten auch zur Not,
damit zu kochen, ist Gebot,
so vieles fließt den Strom hinunter,
steht's nah dem Kopf, bist Du nicht munter,
man lenkt es auf die Mühle drüben,
ist's klein, dann kann man es nicht trüben.

cziiüj

An der Wand in allen Fällen
kannst Du vieles darauf stellen.
Bist Du erst an diesem Wort,
willst Du sicherlich noch fort,
sei's per Luft, sei's auch zu Schiff
(Fernweh ist da ein Begriff).
Wenn ein Mann darüber geht,
ruft man laut und nicht diskret.

xnjv

Sie gibt's als Schulen und Maschinen,
kann dem Lokal, dem Ausland dienen,
dem Buch, dem Schrott, dem Regenbogen,
der Sensation, ist oft verlogen,
grad beim Revolver und beim Schmutz
und beim Boulevard. Sie kommt zunutz
dem Saft, dem Druck, dem Obst, dem Fach
und der Provinz recht mannigfach.
Kein Mensch hat immer eine gute,
bei schlechter ist ihm mies zu Mute.

ljüiiü

Vor ihm ist's still, es folgt ihm Drang,
als Wetter wird Dir in ihm bang,
dramatisch war er Abgesang,
beim Fußball ist er auch im Schwang,
im Wasserglas kaum von Belang,
solch Warnung schützt vor Untergang,
statt Wind kommt er als Bumerang,
solch Glocken haben lauten Klang,
ist frei er: Bude mit Empfang,
ihn laufen ist für manche Zwang,
solch Angriff fordert Tatendrang,
am Volk: des Reiches Grabgesang,
als Beifall hat er hohen Rang,
solch Klingeln dauert meistens lang,
manch Vögel haben zu ihm Hang,
sein Hut: verwendbar wie ein Strang,
solch Leiter dient dem Übergang,
solch Flut wirft auf den Strand den Tang.

igfjö

Du kannst sie schreiben, damit fahren
und auch mal Deine offenbaren,
ein ganzes Haus damit erbauen,
mit Land und Auto ihnen trauen.
Laß Dir nicht in die Deinen sehen,
Dich nicht mit falschen hintergehen.
Nicht selten brauchst Du sie zum Speisen.
Sie sind beim Eintritt vorzuweisen.
Deck Deine auf nur ohne Hetzen!
Man kann auf eine alles setzen.

qzjgüo

Ein Bein nur hat sie, dennoch kann sie laufen,
sie hat zwar Flügel, aber kann nicht fliegen,
in ihrer Höhle kann sie nicht verschnaufen,
auf ihrem Rücken kann sie niemals liegen,
die Spitze ist nach unten hin verschoben,
die Muscheln und die Gänge nicht zu essen,
die Wurzel ist nicht unten, sondern oben,
und ihre Löcher ragen vor, die kessen.

oziü

Bei Türen, Fenstern kann's geschehen,
bei Menschen, die spazieren gehen,
bei Ösen und bei Reißverschlüssen,
und manchmal wirst Du's selber müssen
bei jenen Punkten von Debatten,
die's – wie Du denkst – sehr nötig hatten.

üsoßzqüo

Sie fällt auf den Kopf, als zu kurz muß sie schrecken,
man kann an sie geh'n und darunter auch stecken,
man kann an sie springen und sich nach ihr strecken.

vüwqü

Es bietet für dies Turngerät
sein ganzes Reich die Majestät.
Mit Grausen merkte eine Stadt,
daß solches solchen Fuß auch hat.
Mit meinem besten aus dem Stall,
da stehle ich sie überall.
Man kann auf einem hohen sitzen.
Aufs falsche setzen, bringt ins Schwitzen.
Willst solche Kur Du überstehen,
dann laß sie niemals durch Dir gehen.
Selbst nicht durch zehn laß Dich verführen,
von hinten her es anzurühren.
Mach sie nicht scheu, sonst bist Du dumm.
Mit jungen geh nur sachte um.

luüjv(ü)

Sie taugt, um zu gleiten.
Man kann sie auch stehen.
Für Geld sie zu sehen,
vermeide beizeiten!

iwßösüjü

Es gibt ihn nicht im Dienst allein,
er kann auch akademisch sein.
Es folgt ihm so und aus und weil,
in Bayern hat ihn auch der Pfeil.
Es gibt ihn warm, es gibt ihn kalt,
es gibt ihn neu, es gibt ihn alt.
Er ist nicht eckig und nicht krumm,
gibt dennoch als Kriterium
den Winkel und den Bogen an,
auch die Verwandtschaft dann und wann.
Das Ausmaß wird von ihm beschrieben,
auch Länge, Breite nach Belieben.
Man kennt ihn – schlechter oder besser –
bei Schrift und Gleichung und mit Messer.

tjzv

Sie gibt's als Mann und Frau, als Fuß und Haupt,
als Scheck, als Zahlung, Kasse, Dame, Schaft,
als Mixer, Geld und Bier. Sie ist erlaubt
als Ren und Hocker. Kauf ist vorteilhaft.

xzj

Jene, die zum Süden fahren,
lassen so sich ohne Klagen.
Vorzubeugen den Gefahren
mußt Du so Dich stets betragen.

xüinooüo

An ihm ist Not, er ist von Welt,
im Mond, ein Wort ihm beigesellt,
ist kommend, schwarz und auch der Tat,
gemacht, gemein und von Format,
ist stark und alt und am Klavier
(als solcher kriegt er oft ein Bier),
der Feder und der Wissenschaft,
man bringt was an ihn dauerhaft,
es gibt ihn zornig und auch jung,
das Kind in ihm hält ihn in Schwung,
ihn gibt's als dritten und mit Maus,
ins Leben muß er auch hinaus,
manch Hunde sind auf ihn gedrillt,
man bleibt an ihm, man spielt ihn wild,
es gibt ihn klug, dann baut er vor,
es gibt ihn Gottes und im Tor,
es gibt ihn alle (oft an Deck),
auch über Bord (das ist ein Schreck),
ein Karl gibt ganz am Schlusse an,
daß ihm geholfen werden kann,
man steht ihn immer ganz allein,
und bis zum letzten ist gemein,
er kommt auch von der Straße vor.
Es gibt ihn klein, vom Hund, im Ohr.

özoo

Man tut's vom Boden und mit Geld,
bei Karten ist's anheimgestellt,
man tut's mit Hörer, Deckel, Maschen,
und – will vom Pflaumenmus man naschen –
dann tut man's vorher mit dem Schimmel,
vom Horizont geht's und vom Himmel,
man kann's auf den bestimmten Punkt,
der Optimist von dem, der unkt.

zxßüxüo

Im Wasser ist er, kühl als Tal,
auch Fundament und Anlaß mal,
teils ist er vorder, hinter, unter,
ganz tief im Herzen sitzt er munter.
Ob er als Argument besticht?
Man hat ihn oder hat ihn nicht
zum Freuen, Klagen und so weiter.
Für Folgen ist er Wegbereiter.

tjfov

Ihn gibt's aus Holz und Glas und Steinen,
auch aus Gedanken, will mir scheinen.
So ist man nackt, so manch Partei.
Solch Graben bietet Schutz dabei,
wenn Bomben und Granaten sich
in sie zerlegen. Ärgerlich
ist Dir im Auge der beim Bruder,
auch wenn Du selbst ein größ're Luder.

ilpsggüj

Man sollte sich nicht in sie werfen,
Pistole drauf, geht an die Nerven,
man schlägt dran, nimmt auch was zu ihr,
und schwillt sie, dann ist Stolz in ihr,
voll ist sie, Schicksals Sterne drinnen,
zwei Seelen streiten ums Gewinnen,
und bist Du einmal schwach auf ihr,
fehlt sicher auch ihr Ton bei Dir.

xjfig

Von einer Beere, einem Schwein
kann er der Spießgeselle sein.
Man spürt vom Ehrgeiz ihn, bei Reue
und auch beim Zweifel oft aufs Neue;
Mißtrauen, Unrecht, Vorwurf lassen
ihn spüren, doch ihn recht zu fassen,
wär' selbst nach der Versöhnung Glück.
Er bleibt halt unsichtbar zurück.

igzwßüp

Er ist Begattung, Riß und Spalt
und auch Entfernung. Bist Du alt,
kommt er mit Kunst wohl nicht in Frage,
doch mit Gedanken alle Tage.
Ihn gibt's bei Hammel, Katzen, Hecht,
bei Luft und Freuden ist er recht.
Man steht auf ihm, kann auf ihm sein,
macht ihn ins Ungewisse rein,
ins kalte Wasser ganz beklommen,
man kann auf ihn vorbei auch kommen.
Man kann ihn mal nach vorne tun,
auf seinen Federn aus sich ruh'n.
Auf seine Schanze fährt man rauf.
Er hat Gelenk, Seil, Stab und Lauf,
ihn gibt's mit Hügel, Höhe, Brett,
nebst Latte, Grube, Tuch. Komplett
ist er mit Revision und Bein.
Das sollte wirklich alles sein.

iljfot

Du hast ihn doppelt, er ist Antipode
von zweimal vier, die auch Dein eigen sind.
Beim Drücken, Drehen, Peilen ist er Mode,
klug ist, wer seinen Schrauben schnell entrinnt.

vzföüo

Man tut es – um zu regulieren –
bei Bremsen, Uhren und so fort.
Man tut's – um sich zu amüsieren –
den Mädchen, fast schon wie ein Sport.
Man tut es – um zu liquidieren –
dem Wild, den Vögeln. Das ist Mord.
Man tut es – um zu schikanieren –
dem Widersacher rein zum Tort.
Man tut es – um zu präzisieren –
gelegentlich mit einem Wort.

ozwßigüppüo

Die Oberschüler schreiben ihn,
auch Literaten (oft mit Spleen),
Gesims und Giebel sind's beim Bau,
Kanonen brauchen ihn genau,
die Orgel hat ihn sowieso.
Bei mir ist er am Vertiko.

zfuizga

Er kann rund sein, grün und rein,
man kann mittags zu ihm sein.
Den des Herrn gibt's, den mit Bett,
den des Hauses. Ganz komplett
tanzt er gar bei seinem Rücken.
Drunter trinken, das kann glücken.
Man kann zu ihm führen, bitten,
und es gibt auch solche Sitten.
Unter ihn läßt man was fallen.
Gläsern gibt's ihn und metallen,
mit Aroma, Stamm und Rauch,
Blumen, Küchen, Asthma auch,
Pflegma, Marmor, Couch und Garten,
Nachbar, Klima, Werk und Karten,
Ping-Pong, Nacht, Roman und Schema,
Trauma, Tee und Spiel und Thema,
Billard, Drama, Katzen, Rheuma,
Laden, Kachel, Holz und Pneuma.

gsiwß

Sie sei jaja und auch neinnein,
kann (in)direkt und lose sein,
man steht sie, wird zu ihr gestellt,
und mancher hält sie für Entgelt.
Oft ist es nicht mal ihrer wert.
Ein Star, der fühlt sich hochgeehrt,
wenn sie von ihm recht häufig ist.
Man bringt sie manchmal drauf voll List.

jüvü

Er ist an Brillen, Hosen, Geigen,
läßt sich als Überlegung(!) zeigen,
zwar einfach nur, doch leicht zu finden,
ein Hindernis zu überwinden;
mal ist er reif, mal auch am See,
in Bergen steil und oft voll Schnee.

igüt

Man kann sie halten, bei ihr bleiben,
die Menge Geld auch so beschreiben,
der Fuchs hat sie, das Hirschgeweih,
Bekleidung gibt sie vielerlei,
es gibt solch Pferde, solche Bohnen,
und auch bei Spargel kann sie lohnen.

igzotü

Ein Hoheitsrecht des Staates,
bei Orgeln im Gebrauch.
Fast jeder Mensch, der hat es
für Bücher. Hast Du's auch?

jützp

Sie kann rechts sein, kurz und lang,
kann mit Schlag sein und mit Kuß,
von ihr geht ein leichter Gang,
über nimmt sie, ist mit Fuß,
auf dem Herz und in den Mund.
Unter ihr geht manches glatt,
weist man etwas von ihr und
wenn man sie im Spiele hat.
Sie kann schwer sein, locker, offen,
glücklich, letzte, frei sogar.
Wer sie anlegt, der darf hoffen,
nur nicht an sich selber gar.
Aus ihr spielen, daraus fressen,
in ihr haben, zu ihr gehen,
anzuhalten nicht vergessen,
wäscht sie sich, läßt sie's nicht sehen.

ßzov

Bei Kranken wird's oft zum Problem,
bei Steuern ist's unangenehm,
vom Thema tut's manch Zwischenruf,
der Polizist macht's aus Beruf.

zxueßjüo

Bei Shakespeare in der Sommernacht
wird auch an dies Papier gedacht,
der Wirtschaft gibt es einen Namen,
beim Weben gibt es solchen Rahmen.

aüggüp

Ist er fest, kann man ihn fassen,
ist er frei, sollt' man ihn lassen,
ist er groß, kann man drauf leben,
ist er kalt, kommt man ins Beben,
ist er leicht, wird man zum Bruder,
trocken bleibt er ohne Puder,
ist er tönern, fehlt der Grund,
ist er stehend, geht's gleich rund,
draufzutreten ist nicht recht,
auf gespanntem lebt sich's schlecht,
auf vertrautem aber gut,
nach dem Zins: Geldattribut,
links zuerst: Du ärgerst Dich,
mit der Hand hat viel für sich,
an dem Vers schön leicht zu lesen,
mit dem Kopf ein ganzes Wesen.

ufh

Ein Fürst hat solche Galerie
und wird sehr viel der seinen kennen.
Wir andern aber wissen's nie,
wir können's nur vermuten nennen.

zßoüo

Preiswert ist es und auch recht,
abgedroschen oder schlecht,
mancher Länder Lohn ist so,
mancher Jakob, apropos.

xsppst

Kolonnen dulden's willig,
bei Grüßen ist es billig,
bei Festen ist es teuer.
Es reizt ganz ungeheuer
bei Taten und bei Worten
die Wirkung allerorten.

zfijswßgüo

Es hat Geschmack sie, wenn er gut,
es hat die Macht sie absolut,
Geduld hat sie und auch der Staat,
selbst das Erlaubte in der Tat,
nebst Willkür, Packeis, Möglichkeit,
auch Einfluß und Erträglichkeit.
Man kennt sie, wahrt sie, hält sie ein,
verletzt sie auch, das kann schon sein.
So mancher überschreitet sie
und weiß oft gar nicht, wann und wie.

tjüoaü

Beim Wechsel und beim Fußballspiel,
bei Frist und Schnur, da nützt sie viel,
beim Urlaub, Ausweis und beim Paß,
mit Kleid und Suppe macht man das.

düjpyotüjfot

Sie lebt im Sack, nachts ist sie grau,
neun Schwänze hat sie ganz genau,
und ihren Kopf, den teilt man aus.
So manches ist für sie im Haus.
Sie jammert, wäscht sich und sie springt,
Musik macht sie nur sehr bedingt.
Sie kommt mit Brei vor und mit Schelle.
Sie hat ’nen Tisch und Augen, helle.
Im Frühjahr, da sind ihre Jungen
auf manche Bäume raufgesprungen.
Ihr Mann gilt ständig als verliebt,
auch wenn er mal ein Frühstück gibt.
Von ihm stammt Stimmung und Idee.
In Stiefeln hat er’n Protegé.

qzgaü
qygawßüo
qzgüj

Manch einer tut es gern und stramm
mit Unterhaltung und Programm.
Sollst Du's bei Unterhalt und Kosten,
gehört das zu den Hiobsposten.

xüigjüsgüo

Männlich ist er, dennoch Mutter,
dreh' ihn um, dann ist's in Butter,
Fehler ist er für den Drucker,
junge Hirsche macht er schmucker.
Bürger, Ruten, Bock, Gesellen
lassen gut sich an ihn stellen.

ilsüh

Man kennt's als Eignung, Fähigkeit
und auch als Ordnung, rechtes Lot,
doch niemand hilft Dir weit und breit,
wenn's Dich mit seiner Macht bedroht.

tüiwßswq

Mein Wort ist Dir als Schutz bekannt.
Manch Maler nimmt's statt Leinewand.
Als Trost kennt man's, als Heft und Zug.
Das teure meidet der, der klug.
Gefährlich kann es auch mal sein.
Mit Füßen tritt es Groß und Klein.

lupzigüj

Ein Wirbel ist er und Gewebe,
als Riese hält er in der Schwebe,
was wir in ihm als Karten sehen,
am Sternenhimmel kann er stehen,
Gebirge ist's in Afrika,
Rakete in den USA.

zgpzi

Ich such' sie mir für die Moneten,
hab' sie als Park schon mal betreten,
sie ist Gestaltung und auch Plan
beim Schauspiel oder dem Roman
und auch beim Nutzbau, der Fabrik,
leicht wird sie als Talent publik,
als Briefbeschwerer liegt sie bei,
als Neigung macht sie mancherlei.

zopztü

Oft reizt sie Dich, reißt mit sich fort,
doch findet man sie auch beim Sport,
beim Päckchen und bei Inseraten,
beim Unterricht, beim Rätselraten,
recht häufig ist sie auch beim Schach
und beim Geschäft als Ungemach.

zfutzxü

Sind's Könner, können wir's verstehen,
sind's Scheiben, stört uns das beim Sehen,
sind's Ricken, kommen sie in Wehen,
sind's Pferde, dann an ihren Zehen.

xüiwßpztüo

Man trägt was mit ihr, kann sie auch verlieren,
kann eine neue mehrmals fabrizieren.
Sie ist ein Rahmen nur, das kannst Du glauben,
doch kann man auch in sie hinein was schrauben.

uziifot

Wie den Acker man bestimmt,
so man auch vom heute nimmt
gleich den Anfang. Heutes Ende
bildet schon zu ihm die Wende.

önjtüo

Man kann es mit dem Funkspruch machen,
mit dem Versager, allen Waren,
mit Medizin, mit einem Nachen,
mit dem Gepäck, das nicht gefahren,
mit Filmen und Theaterstücken,
mit einem Säugling, der Diät,
auch dem Verbrecher kann es glücken,
ins Ausland kommt er, eh's zu spät.

zxiügaüo

So kann man machen oder halten,
so gibt es Kunst und Wald und Falten,
auch Nebel, Menge, Zaun und Haar,
Gewebe, Hecken, Wolken gar,
so sind davor, dabei, dahinter
und auf den Fersen sich die Sprinter.

vswßg

Es gibt sie oft in jedem Jahr,
man braucht sie beim Gerüst sogar,
sie läßt Maschinen erst entstehen,
sich auch beim Film und Foto sehen,
sie dient, um manches Haus zu bauen,
man kann sie selbst als Kunstwerk schauen.

önogztü

Hocker, Flüchter, kleine Haken
sind's, die bisher in ihm staken.
Jetzt ist's elend, öde, leer,
zwar gemacht, doch warm nicht mehr.

oüig

Als Sache ist's Fessel und Faden
und läßt auch elektrisch sich laden.
Wer tut das? Sie selber als weiblich,
eine Gruppe ist es ganz leiblich.
Man kann zudem darin lesen,
dann ist er männlich gewesen.

xzov

Man kann sie nehmen oder brüten,
vor ihrem Blut muß man sich hüten,
doch sie ist süß, gehört dem Herrn,
und kalt genießen wir sie gern.

jzwßü

Als Idee, Gehalt und Preis
heißt es fest, wie jeder weiß.
Aber ist man's, dann speziell
heißt gerüstet es und schnell
und gewandt; es kommt dazu
noch erschöpft, das ist der Clou.

usb

Man singt an ihr, es gibt solch Feste,
solch Messer schaffen kleine Reste,
dort ist die Jugend in Bewegung,
solch Druck setzt Sammler in Erregung.

csütü

Der ist willkommen und wird triumphieren,
man wird auf solchen Platz ihn expedieren,
nie darfst Du seinen Vorrang ignorieren,
sonst kannst Du im Verkehre kollidieren;
an ihn geraten: ihn ironisieren.
Die drückt man andern, kann sie auch studieren,
sie will Vorhand'nes gerne konservieren,
wird Neues deshalb meistenteils blockieren;
auf seine pocht man, will sie nicht verlieren,
doch manche gibt's, die woll'n sie sabotieren,
dann wird man an Gerichte appellieren
und, um sie durchzusetzen, prozessieren,
doch läßt man sich zu sehr auf sie fixieren
und sich von ihnen gänzlich absorbieren,
gerät man gar zu leicht zum Querulieren.
Das soll man tun, sich dafür engagieren,
soll nach ihm seh'n, darüber diskutieren,
ein jeder wird mit ihm sympathisieren,
es sollte alle Menschen motivieren,
man kann es treffen und es akzeptieren,
setzt es sich durch, wird jeder applaudieren.

jüwßgü

Was beim Raten helfen kann,
zieht sich mancher selber an,
sieht bei Farben sie und Stilen
und auch beim Zusammenspielen.
Auch als Schlüssel kennt man sie
und zudem beim Sport mit Ski.

qnöxsozgsno

Gesellschaft ganz nach Theorie,
so wünscht sie sich die Utopie.
Ich spiel' es, doch gewinn' ich nie.

qpziiüopni

So kommt zum Ziel der Geldschrankknacker,
und man bemüht sich darum wacker
auf Konferenzen aller Art.
Mit Krankheit ist er auch gepaart,
mit Zahn und mit Idee. Beim Heer
liebt ihn der Gegner nicht so sehr.
So drückt man aus es auch bisweilen,
will man ein Ganzes mal verteilen.

vfjwßxjfwß

Grabheuschrecken mal erraten
und die Launen, die privaten,
kann man leicht, und dabei braten.

tjsppüo

So heißen Drossel, Bild und Geld,
auch die Geburt heißt so (im Faust).
Du erntest ihn, doch unbestellt,
wenn Dich ein Schaden schon gezaust.

ilngg

Ich kenne eine Art Klavier,
man kann darauf auch spielen,
doch sonst versteckt es sich vor Dir
an ganz verschied'nen Zielen.
An Rädern findest Du das Wort,
an Türen, Häusern, Schrauben,
an Männern, Kleidern und so fort,
Du wirst es mir kaum glauben.
Selbst an Altären ist's zu seh'n,
und manche Mutter hat es,
auch Adjutanten damit geh'n.
Nun mach Dich auf und rat es!

upetüp

Er hat eine eig'ne Bank.
Bauen drauf noch nie gelang.
Mancher Kopf steckt in ihm drin.
Im Getriebe fehlt ihm Sinn,
in den Augen sicher auch.
Immer häuf'ger wird es Brauch,
ihn bei dem Verlauf von Sachen
als den Zielpunkt auszumachen.

izov

Man tut's mit Stück und Weg und Wort,
mit Gras, bei Prüfung und bei Sport,
mit Ehre, Hals und mit dem Zopf,
auch mit der Zufuhr und dem Kopf.

zxiwßoüsvüo

Groß ist's im alten Kriege kleine Schlacht;
ein Wiedersehen, das man abgemacht.
Klein tut's die Schuld, der Vorwurf und der Schlag,
und selber kann man's, wenn man mag,
mit Ton, mit Übereinkunft, bis ins Mark
mit kränkender Bemerkung (oft sehr stark).

gjüuuüo

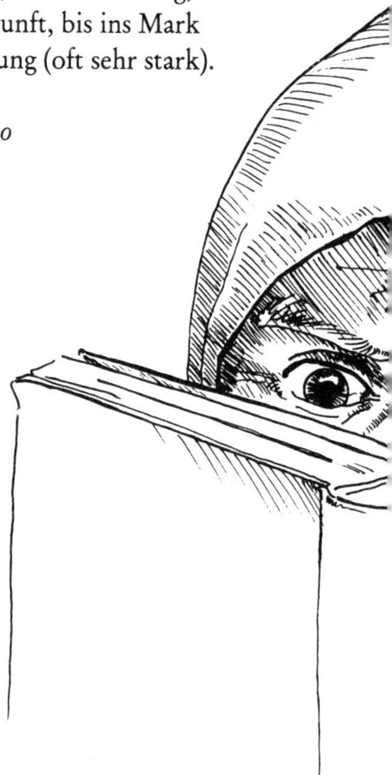

Wenn Du
einer bist,
kannst Du dennoch
ihn tragen,
mit ihm reisen
als Wagen,
der Wohnung
Dir ist.

zoßyotüj

Man kann mit ihr geschlagen werden,
das tut nicht weh, macht kaum Beschwerden.
Man kann sie auch wie Suppe essen.
Dem Stolze ist sie angemessen.
Bei Schiller sind im Kampf dagegen
selbst alle Götter unterlegen.

vföößüsg

Ein Geschoß ist er und Stange,
Tiere haben ihn als Haus,
bleibt vom Baum er, währt's nicht lange
und man gräbt ihn gänzlich aus.
Strafe ist er mal gewesen
(mittelalterlich zudem),
doch als Vorrat ist sein Wesen
sicherlich ganz angenehm.

ignwq

Einlaß schafft
er überall,
Zuwachs im
besond'ren Fall
(Beispiel: Konto,
Krankenhaus),
auf Verständnis
geht er aus.

aftzot

Von einer Rotte das Organ
ist prächtig dazu angetan,
um etwas häufig zu bewegen,
mal auf, mal zu, wie's grad gelegen.

iwßzjosüjü

Blutig ist er und ein Richter,
doch als Künstler meist ein schlichter,
er hat Schwester und auch Bruder,
oft in Haft ist dieses Luder.
Vieles setzt ihn in Erstaunen.
Kannst Du ihn jetzt ausposaunen?

pzsü

Kontakt hat sie, das Wasser auch,
in Suppen füllt sie Deinen Bauch,
sie kann was sammeln und zerstreuen,
doch ihr Gericht war zu bereuen.

psoiü(o)

Sie gibt's bei Bahn und Schiff und Wagen,
doch kann man sie auch bei sich tragen,
man folgt ihr meistens nicht so gern,
ist sie geballt, hält man sich fern,
man kennt sie bei der Batterie
(elektrisch und der Artill'rie).

pzvfot

Man kann ihn geben, ihn sich holen,
oft bleibt er bei den Divisionen,
als Schweigen wird er auch empfohlen,
beim Ausverkauf kann er sich lohnen.

jüig

Ihn gibt's als ersten, zweiten, dritten
und vierten. Er ist wohlgelitten
als Schirm und Reep, Gesetz und Tür.
Als Brücke gab's ihn. (Wann, wofür?)
Es gibt solch Studie, Obst und Wind,
und seine Sucht macht lahm und blind.
In seiner Grube liegt kein Heil,
auch nicht im Strick, im out und Beil.
Solch Gatter gibt's, solch Bö und Rohr,
es kommt auch solche Sammlung vor.
Du kennst solch Masche, Treppe, Weise.
Sein Hammer läuft in einem Gleise.
Man kommt zu ihm, man kann ihn tun.
Von ihm zu ihm ist opportun.
Beim Fußball zieht man ihn zurück.
Ist günstig er, dann hat man Glück.
Er kann auch mal vergleichbar sein,
nebst traurig, heftig, jäh und rein.
Man setzt ihn schon mal dann und wann,
auch nimmt man seinen Eintritt an.
Auf jeden gibt's ihn und auf keinen,
er kann uns aufgeklärt erscheinen.
Du kennst ihn hoffnungslos und klar,
oft stellt er sich als typisch dar.
Man bringt was zu ihm überall.
Es gibt ihn selbst mit einem Knall.

uzpp

Fremdkörper als ein Nahrungsquell
sind heute kaum noch aktuell;
wenn doch, dann wirken sie im Stillen
und kaum in Häusern, mehr in Villen.

zööüo

Tu ich's, dann stets von oben her,
ich teile mit, ich lasse kommen.
Bin ich's, begnüge ich mich sehr,
bin einfach, anspruchslos, beklommen.

xüiwßüsvüo

Kann man sich vor ihnen klein,
wenn die großen scharf und Meister?
Meine Antwort lautet: Nein,
wollen sie's, geht man koppheister.

iwßegaüo

Man tut's mit Büchern, Warzen, Themen,
mit Filmen, Bändern und Problemen,
auch mit Konzerten, Plänen, Platten,
Theatern und mit seinem Gatten.

xüiljüwßüo

Der Zug tut's, ebenso der Bus,
man braucht's auch für das Gegenteil,
mit Freunden tut man's alleweil,
für Mann und Frau ist es Genuß.

düjqüßjüo

Mein Wort, das essen alle Toten.
Wenn wir es essen, sterben wir.
Gott hat darüber einst geboten
als Welterschaffungselixier.
Wo's ist, da fehlt das Recht dem Kaiser.
Es ist so elend als ein Mann
(so sagt ein Dichter uns, ein weiser),
der alles will, und der es kann.

oswßgi

Spezialitäten des Hauses

Mal rauscht er, mal wird er getreten,
man bleibt an ihm, auch ungebeten,
ihn gibt's als Presse, Film und Hof,
als Medizin (da ist er doof),
als Abschluß, in der Sommernacht,
an Opern, und er ist gedacht
zu Spiel und Sport in vieler Form.
Er ist verzweigt, das ist enorm.
Und sagt man ihm auf Wiedersehn,
ist als Gedicht das zu versteh'n.

xzpp
xzpp – zig
xzpp – zvü

Er fällt gern auf, bunt ausstaffiert.
Nun hänge mal – ganz raffiniert –
aus Nürnberg ein Gerät ihm an,
ein Preisverteiler wird es dann.

lfoq – gjswßgüs

Es hat bestimmt ihn jeder Mann,
nur werden kann er's nicht allein.
Oft weiß er nicht mal, ob und wann,
er braucht halt nicht dabei zu sein.
Wer seine Freuden schnell vergißt,
für wen die Pflicht nur eine Pein:
wenn der es mal geworden ist,
dann will er's nicht gewesen sein.

dzgüj

Ich bin in Ziegel auf dem Dache,
bin beim Gelenke eine Sache,
Metalle (flüssig) in mir ruh'n.
Ich habe was mit Salz zu tun.
So manchen haut man in mich rein.
Man hat was auf mir, das kann sein.
Ich nütze Dir, willst Du was braten.
Ich hoffe sehr, Du wirst mich raten.

luzooü

Es gibt ihn männlich und auch weiblich.
Selbst weiblich bleibt er unausbleiblich
rein männlich. Wundert Dich das sehr?
Du kennst ihn vom Theater her.
Im Amt umfaßt er viel Papier,
als Tat verlangt man ihn von Dir.
Man kann ihn auch zu zweit vollzieh'n.
Ex ist er nur mit Disziplin.

zqg

Ich will mal beispielhaft erklären,
was Rätselfreunde so verehren
am Flächenmaß, dem simplen Ar,
denn es ist wirklich wunderbar,
was aus der gleichen Silbe man
Verschiedenart'ges machen kann.

Am Reformator gibt's das Ar
und am Studentenbrauch sogar,
an Bücherei und Sonnengott,
mit Militär ist's im Komplott,
ein Ar hat Neigung, schlägt wie's Herz,
eins ist Behelf und eins macht Scherz,
eins sammelt fleißig Dokumente
und eins, das geht schon bald in Rente,
eins steht am Gegenteil vom Soll,
eins dreht am Strudel sich wie toll,
eins ist genormt, eins ist allein,
eins wendet immer etwas ein,
eins hängt sich an den Grundstoff dran,
eins steht dem Abitur voran,
eins hat ein kleines Grundstoffteil,
eins hat Courage, eins fällt steil,
an Japans Münze, ja da kann
es vorne steh'n und hintenan.
Beim Pfingstbier findet man das Ar,
auch dort, wo eine Sendung war,
nur manchmal bleibt es ein Fragment,
und wer es an dem Drehpunkt kennt,
wird auch von seinem Abgrund wissen,
die Alt-Verwandte nicht vermissen,
wird seine Handlung nicht bereuen,
sich über jedes Rund-Ar freuen.

ßfizj
qnööüogzj
xsxpsngßüqzj, inpzj
qnöösiizj
ßzotzj, lfpizj
ongzj, oüwqzj
zjwßsdzj
zpgzj
sigzj
intzj
vsozj, üsozj
zjzxüj
üpüöüogzj
zjözgfj
zjsno
zjöfg, pngzj
iüozj
zjiüo
kfzizj
ösiisnozj
zjjüig
lnpzj
gzpzj
zjnöz
gzgzj
jzvzj

So erzeugst Du im Klosette
Wasserspülung mit der Kette:
mittels Teil der Kompanie.
Drin zu steh'n empfiehlt sich nie.

vfjwß – aft

Nimm her Dir ein göttliches Wesen,
von dem Du in Sagen gelesen,
und setze respektlos darauf
ein zweites Köpfchen ihm auf.
Schon hast Du – das ist Dir gelungen –
ein Abfallprodukt errungen.
Verschärfe den Schluß,
und Du hast ihn am Fuß.
Mit zusätzlichem Bein
wird's ein Zeitbegriff sein;
mit einem weiteren Ende
ihn zum Schmetterling wende.

i – lzo – o – ü – j

Man tut's mit Knöpfen und mit Kragen,
mit Aufgenähtem, grob und zart,
mit Ländern; doch ist's ohne Fragen
von Klosterchefs 'ne Wettkampfart.

zxg – jüooüo

Maultier, Esel, Elefant
sind als hin und her bekannt
auch das Ren, Kamel und Pferd
sind es vorwärts und verkehrt.

jüsggsüj

Fang nicht gleich an zu fluchen:
Du sollst vier Verben suchen.
Die haben viel gemein.
Vorsilben soll'n es sein.
Die mußt Du freilich kennen,
drum will ich sie Dir nennen:
zurück, be, ein, aus, auf,
nach, hoch, ent, über, drauf,
um, nieder, unter, an,
hin, zu, er, ab, ver, dran.
Nun fehlen nur noch drei.
Es sind vor, her und frei.

tüßüo
iügaüo
igüppüo
pütüo

Ein Wort, nur halb erst ausgesprochen,
schon wird vom Amt es unterbrochen.
Der Rater, Gründer und der Reiter,
der Kenner, Werber und der Gleiter,
der Sucher, Treiber und der Schauer,
Arbeiter, Leuchter und der Bauer,
sie alle unterbrechen weiter.
Bist Du inzwischen schon gescheiter?
Da springt ja auch der Ernst ins Loch,
sogar ein wenig früher noch!
Und später springen Hilfe, Lage,
Geselle, Liege, Menge, Trage.
Auch Gabe, Stimme, Name, Lade
und Steuer sind sich nicht zu schade.

Für den, der immer noch nicht schlauer,
erkläre ich es noch genauer:
Die Wade hat dies Wort, das Eis,
auch Hose, Schiene, Stuhl und Steiß,
der Sprung, der Säbel und der Fisch,
das Spiel, die Nase und der Tisch,
der Sitz, der Stand, die Scham, das Joch,
auch Brust und Hüfte kommen noch.
Bei andern Worten steht es vorn:
bei Arbeit, Schiene, Kleid und Horn,
bei Stumpf, Prothese, Haus und Schere,
bei halten (!), Glas und Bruch, auf Ehre!

xü(zög)so
x(üjoig)üso
xüs(ßspuü)o
czvüo – xüso
xüso – zjxüsg
xü –soßzpgüo

Als Mini-Schicksal ist es amüsant,
man macht's mit Hypothek, mit Durst und Brand,
mit Ladung, Konto, Tinte, Kalk und Band,
mit Licht und Speicher, die nicht int'ressant.

pmi – wßüo

Woraus ist die Glasur von Torte?
Ihn gibt es auch in einem Worte;
doch setzt Du einem in die Mitte,
dann wird es fugenlos, na bitte!

zfi – tfh

Willst Du genau zurecht Dich finden
nach vorn und hinten, links und rechts,
dann lasse niemals Dir entwinden
Verwandte britischen Geschlechts.

iüb – gzogüo

Ein Verb auf Silbe eins betonen,
verweist auf wäßrige Regionen,
betont man aber Silbe drei,
dann ist ein Sprachverstand dabei.

exüjiügaüo

Der erste ist ein Fisch,
der zweite ist ein Mann.
Den ganzen trägt die Braut,
wenn sie nur irgend kann.
Wer praktisch handelt, ist ein drei.
Ein Theologe: eins-zwei-drei.

iwßpüs – üj – özwßüj

In einem Wort ist's schlicht und leicht,
getrennt, da ist es unerreicht
in Schrank und Schreibtisch und so weiter
als aller Ordnung Wegbereiter.

üso – uzwß

Von Haus aus war er Theologe.
Bekannt ist er als Psychologe.
Er hat, das ist von ihm geblieben,
ein großes, dickes Buch geschrieben,
das sehr viel Bilder schon enthält,
was damals selten auf der Welt.
Sehr kritisch stand zu diesem Werk
sein Zeitgenosse Lichtenberg.
Sein Name ist – so ungefähr –
als ob man sagen wollt': Die père.

pzdzgüj

Als Neutrum schickst Du's auf die Reise
nach einer alten Art und Weise
als Bitte, Deinem Herrn zum Preise
(blasphemisch nenn' ich's Götterspeise),
doch männlich dreht er sich im Kreise
in einer eingebauten Schneise
in einem ständig gleichen Gleise
nicht laut, doch auch nicht grade leise.

lzgüjonigüj

Kannst Du drei Wörter erkunden,
bei denen gemeinsam gefunden
die Vorsilben aus, ab und haupt,
auch durch, be und ein sind erlaubt,
dazu nimm noch vor, ver und dann
auch bei, ferner um, zu und an:
Und hast Du Bedenken dabei,
schau im Duden nach, das steht Dir frei.

uzpp
izga
iwßpzt

Dies Rätsel ist sensationell,
natürlich auch originell,
wie alles bei mir rein formell
und dennoch absolut reell.
Ich rate Dir dazu noch schnell:
Acht' auf Betonung ganz speziell!

Vor Jahren war's konventionell:
heut' werden Lehrer offiziell
– tun sie's mit Kindern – kriminell,
(bei manchen liegt's am Naturell,
die juckt dann gar zu leicht das Fell).

Der Sieger ist es aktuell,
nicht potentiell, rein materiell,
wenngleich nicht immer finanziell
und auch durchaus nicht ideell.
Oft ist er's nur an einer Stell',
dann kann sich dreh'n das Karussell.

Der Philosoph tut's generell
und möglichst individuell,
eventuell universell,
dabei stets intellektuell
und – auf der Suche nach dem Quell –
manch einer sogar sexuell.

exüjpütüo

Nimm einen Fachmann weise
und ändere ihm leise
die Brust. Er wird nun was?
Ein Niemand. Glaubst Du das?
Dem Niemand ohne Fragen
den Kopf ganz abzuschlagen,
bringt doch noch wen zu Tage.
Der läßt sich ohne Klage
um seine Mitte bringen.
Und den ovalen Dingen
läßt viel sich abgewinnen
an neuen Mitten drinnen:
d, f, g, m und t.
Du brauchst davon – o weh! –
den, der zum Ausfluß führt.
Und nun geh ungerührt
mit neuem Kopf voran.
Mit and'rer Brust sodann:
das Klima, dem wir ausgesetzt.
Mit ander'm Kopf hast Du zuletzt
ihn selber wohl. Du kannst sodann
auch selbst es sein, bist Du ein Mann.

qüooüj
qüsoüj
üsoüj
üsüj
üsgüj
cüsgüj
cüggüj
düggüj

Woran nur liegt es im Prinzip,
das schlechte Klima im Betrieb?
Sei nicht verzweifelt, ich sag's vor:
Der Schmied hat ihn, – und Du (im Ohr).

zö – xnh

Allein tun Wetter es und Wachen,
bei Menschen kannst Du's selber machen,
das wird Dir mancher übel nehmen.
Es schafft 'ne Reihe von Problemen,
tust Du's mit Kindern und mit Tieren.
Doch ist's kein Grund, sich zu genieren,
machst Du's mit Schleusen, Fahnen, Reifen,
mit Perlen, Federn, Werken, Schleifen,
Gardinen, Segeln, Kreiseln, Laden,
mit Festen (oft zu Deinem Schaden),
Vorhängen, Bildern, Ankern, Saiten,
Zugbrücken und Rollos zu Zeiten.

zfuasüßüo

Man kann ihn hüten, schmeißen, stehlen
und an den Fenstern ihn empfehlen,
man kann ihn öffnen, er kann klappen,
und seinen Preis muß man berappen.
Es gibt solch Schilder, Klingeln, Straßen,
mit seinem Schluß ist nicht zu spaßen.
Man kennt solch Kasse, Tisch und Zeile
und auch solch Zentrum mittlerweile,
solch Schwengel, Theke, Tür und Ketten
und solch Geschäfte, woll'n wir wetten?

pzvüo

Woran denkst Du als Romanist,
wenn die Komödie göttlich ist?
Denk' langsam, ruhig und gemach,
dann ist die Antwort auch danach.

zo – vzogü

Der DNS-Erforschung frommen
das soll mein Beitrag. Leider kommen
wir Außenseiter kaum zum Zug.
Drum zeig' ich HIER, wie äußerst klug
ich Erbeinheiten untersuchte.

Ich fand das Gen, das ganz verruchte,
vom Unbekannten-Wesen-Schreiber,
vom Segeltau, vom Halbwarm-Bleiber,
vom Partner Ollies (Doof und Dick),
vom Groupie-Freund (ach, war das schick),
vom Vater/Sohn mit gleichem Namen
und vom »vielleicht« bei echten Damen.
Ich fand das Gen vom Ordensbruder,
vom Russenkaiser, diesem Luder,
vom ersten UNO-Sekretär,
von Hafenstadt am Mittelmeer,
vom Menschen als dem Gattungswesen,
vom Fernen (Sehen, Hören, Lesen),
von den Bezirken bei den Schweden,
von dem, was Skater manchmal reden,
von nichtmetall'schem Element,
von Äxten, die man kleine nennt,
vom Kraftfahrzeug, von Morgenfeuchte,
von Ägirs Frau, die Fischer scheuchte,
von einem Fluß der Skipetaren,
von dem, was Glucken gut bewahren.

Ein Gen hat inneres Organ,
eins fängt vor Schmerz zu klagen an,
eins ist in einem Reiseland,
eins heilig, Hindus wohlbekannt.

qnppütüo
tüstüo, pzftüo
igzotüo
uzotüo
iüotüo, rfotüo
rztüo
ujztüo
azjtüo
psütüo
njzotüo
ßnöntüo
güpütüo
pyotüo
jütüo
xnjtüo
xüspütüo
zfgntüo, pzftüo
jzotüo
vjsotüo
üstüo

tüovzjö
tüozf
tüosgzpsüo
tüonö

Füll' einen kurzen Augenblick
mit kurzem Augenblick mal aus,
dann wird – machst Du das mit Geschick –
ein großes Denkmal draus.

ön(of)öüog

Von wo aus westlich fließt die Lahn,
das haben viele schon getan,
zum Beispiel mit Kartoffelwasser.
Mit Reliefs tut's ihr Verfasser.

zx – tsühüo

Wenn Du Leid und Mühe hast,
machst Du leicht sie zum Palast:
Schließ ins Herze Deiner Pein
Frau der grünen Insel ein.

kf(sjso)zp

Laß mal in ein kleines Haus
einen Mann der Bibel ein:
Priesterkappe kommt heraus,
kann das Schädeldach auch sein.

qz(png)gü

Man kennt beim Buch sie, beim Metall,
sie stützt in manchem andern Fall.
Verpflichtung ist sie, Vorbehalt.
Dies Rätsel löst Du nicht so bald.

zfupztü

Pack doch mal in ein Holzgefäß
die Decke Deines Platzes ein.
Es sind dann – warst Du sachgemäß –
die Ton-Bild-Träger Dein.

qzi(iüg)güo

1 ist der Tip,
und 2 ist das,
Insgesamt:

Aus 1 mach keins,
und stelle bei

Nun haste – es kommt ziemlich jäh –
den Gipfel der Näh.

Aus 1 mach keins,
und stelle bei

Nun haste – es läßt sich nicht bremsen –
Gemsen.

Aus 1 mach keins,
und stelle bei

Nun haste – mach drum kein Gewese –
Rohstoff für Käse.

Aus 1 mach keins,
und stelle bei

Nun haste – laß die Hoffnung nicht sinken –
was zu trinken.

Aus 1 mach keins,
und stelle bei

Nun haste – ich geb Dir den Rat –
Getränkezutat.

Aus 1 mach keins,
und stelle bei

Nun haste – das
so 'ne Art

den ich Dir gebe,
worin ich lebe.
ein Amt.

aus 2 mach 1
'ne neue 2.

Nun haste – zum Anfang gestellt –
'nen Titelheld.

aus 2 mach 1
'ne neue 2.

Nun haste – das ist unerhört –
was zum Schlachthaus gehört.

aus 2 mach 1
'ne neue 2.

Nun haste – so ist es der Fall –
Tiere im Stall.

aus 2 mach 1
'ne neue 2.

Nun haste – Du findest es bald –
was schallt (im Wald).

aus 2 mach 1
'ne neue 2.

Nun haste – und das ist Dein Ziel –
Geländespiel.

aus 2 mach 1
'ne neue 2.

kannste leicht raten –
Braten.

jzg

ßzfixüjt

xüjtasütüo

asütüoöspwß

öspwßqzuuüü

qzuuüüizßoü

izßoü

ßzfi

ßnujzg

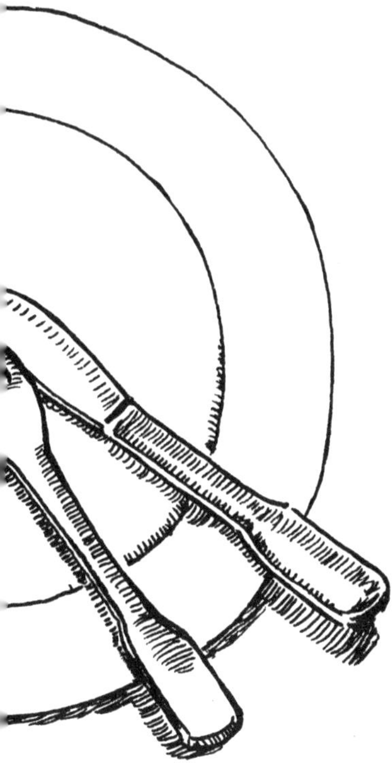

dsüßßnu

ßnjodsüß

rztvßnjo

iwßosgaüprztv

iwßosgaüp

Jetzt führe ich ein Rätsel an,
das auch ich selbst nicht lösen kann.
Grad als ich mal beim Dichten war,
fand ich das o höchst sonderbar.
Es brachte ernstlich mich in Nöte,
denn G*oe*the spricht man einfach Göte,
doch weiß ich, daß es gar nicht geht,
sagt man »ein Pöt« statt »ein P*oe*t«.
Und gar beim Städtchen Itzeh*oe*
spricht man o-e als langes o.
Beim Z*oo* hört man ein einz'ges o,
beim Z*oo*logen sind es zwo.
Beim schönen deutschen Swimmingp*oo*l
spricht man o-ol sogar wie uhl.
Wenn Bül*ow*, Roman*ow* ich seh',
kann ich nur sagen: O, o weh!

Alle Lösungen unter den einzelnen Reimrätseln lassen sich mit dieser Codewandlungstabelle aufschlüsseln. *Dsüp Ilzh* heißt so nichts anderes als: *Viel Spaß!*

Code	*normal*
a	z
ä	y
b	x
c	w
d	v
e	ü
f	u
g	t
h	ß
i	s
j	r
k	q
l	p
m	ö
n	o
o	n
ö	m
p	l
q	k
r	j
s	i
ß	h
t	g
u	f
ü	e
v	d
w	c
x	b
y	ä
z	a

DuMont Taschenbücher

Stand Frühjahr '88

Band 2 Horst W. und Dora Jane Janson
Malerei unserer Welt

Band 3
August Macke – Die Tunisreise

Band 4 Uwe M. Schneede
René Magritte

Band 6 Karin Thomas
DuMont's kleines Sachwörterbuch zur Kunst des 20. Jahrhunderts

Band 8 Christian Geelhaar
Paul Klee

Band 12 José Pierre
DuMont's kleines Lexikon des Surrealismus

Band 13 Joseph-Émile Muller
DuMont's kleines Lexikon des Expressionismus

Band 14 Jens Christian Jensen
Caspar David Friedrich

Band 15 Heijo Klein
DuMont's kleines Sachwörterbuch der Drucktechnik und grafischen Kunst

Band 18 Horst Richter
Geschichte der Malerei im 20. Jahrhundert

Band 23 Horst Keller
Marc Chagall

Band 25 Gabriele Sterner
Jugendstil

Band 26 Jens Christian Jensen
Carl Spitzweg

Band 27 Oto Bihalji-Merin
Die Malerei der Naiven

Band 29 Herbert Alexander Stützer
Die Etrusker und ihre Welt

Band 30 Johannes Pawlik (Hrsg.)
Malen lernen

Band 31 Jean Selz
DuMont's kleines Lexikon des Impressionismus

Band 32 Uwe M. Schneede
George Grosz

Band 33 Erwin Panofsky
Sinn und Deutung in der bildenden Kunst

Band 35 Evert van Uitert
Vincent van Gogh

Band 38 Ingeborg Tetzlaff
Romanische Kapitelle in Frankreich

Band 39 Joost Elffers (Hrsg.)
DuMont's Kopfzerbrecher
TANGRAM

Band 44 Fritz Baumgart
DuMont's kleines Sachlexikon der Architektur

Band 45 Jens Christian Jensen
Philipp Otto Runge

Band 47 Paul Vogt
Der Blaue Reiter

Band 55 Kurt Schreiner
Kreatives Arbeiten mit Textilien

Band 56 Ingeborg Tetzlaff
Romanische Portale in Frankreich

Band 57 Götz Adriani
Toulouse-Lautrec und das Paris um 1900

Band 58 Hugo Schöttle
DuMont's Lexikon der Fotografie

Band 59 Hugo Munsterberg
Zen-Kunst

Band 60 Hans H. Hofstätter
Gustave Moreau

Band 63 Hans Neuhaus
Werken mit Ton

Band 65 Harald Küppers
Das Grundgesetz der Farbenlehre

Band 66 Sam Loyd/Martin Gardner (Hrsg.)
Mathematische Rätsel und Spiele

Band 67 Fritz Baumgart
»Blumen-Brueghel«

Band 69 Erich Burger
Norwegische Stabkirchen

Band 70 Ernst H. Gombrich
Kunst und Fortschritt

Band 71 José Pierre
DuMont's kleines Lexikon der Pop Art

Band 72 Michael Schuyt/Joost Elffers/Peter Ferger
Rudolf Steiner und seine Architektur

Band 73 Gabriele Sterner
Barcelona: Antoni Gaudi

Band 74 Eckart Kleßmann
Die deutsche Romantik

Band 77 Wolfgang Hainke
Siebdruck

Band 78 Wilhelm Rüdiger
Die gotische Kathedrale

Band 80 Rainer Wick/Astrid Wick-Kmoch (Hrsg.)
Kunst-Soziologie

Band 81 Klaus Fischer
Erotik und Askese in Kult und Kunst der Inder

Band 83
Ekkehard Kaemmerling (Hrsg.)
Ikonographie und Ikonologie

Band 84 Hermann Leber
Plastisches Gestalten

Band 85 Sam Loyd/Martin Gardner (Hrsg.)
Noch mehr Mathematische Rätsel und Spiele

Band 87 Hans Giffhorn
Kritik der Kunstpädagogik

Band 88 Thomas Walters (Hrsg.)/
Gabriele Sterner
Jugendstil-Graphik

Band 89 Ingeborg Tetzlaff
Griechische Vasenbilder

Band 90 Ernesto Grassi
Die Theorie des Schönen in der Antike

Band 91 Hermann Leber
Aquarellieren lernen

Band 93 Joost Elffers/Michael Schuyt
Das Hexenspiel

Band 94 Kurt Schreiner
Puppen & Theater

Band 95 Karl Hennig
Japanische Gartenkunst

Band 98 Karl Clausberg
Kosmische Visionen

Band 99 Bernd Fischer
Wasserburgen im Münsterland

Band 100 Peter-T. Schulz
Der olle Hansen und seine Stimmungen

Band 101 Felix Freier
Fotografieren lernen – Sehen lernen

Band 103 Kurt Badt
Die Farbenlehre van Goghs

Band 104 Wilfried Hansmann
Die Apokalypse von Angers

Band 105 Rolf Hellmut Foerster
Das Barock-Schloß

Band 107 Joost Elffers/
Michael Schuyt/Fred Leeman
Anamorphosen

Band 108 Götz Adriani/
Winfried Konnertz/Karin Thomas
Joseph Beuys

Band 109 Bernd Fischer
Hanse-Städte

Band 110 Günter Spitzing
Das indonesische Schattenspiel

Band 111 Gerd Presler
L'Art Brut

Band 113 Jan Bialostocki
Stil und Ikonographie

Band 114 Peter-T. Schulz
Der Kuckuck und der Esel

Band 115 Angelika Hofmann
Ton – Finden, Formen, Brennen

Band 116 Sara Champion
DuMont's Lexikon archäologischer Fachbegriffe und Techniken

Band 117 Rosario Assunto
Die Theorie des Schönen im Mittelalter

Band 119 Joachim Petsch
Geschichte des Auto-Design

Band 120 Gabriele Grünebaum
Buntpapier

Band 121 Renate Berger
Malerinnen auf dem Weg ins 20. Jahrhundert

Band 122 Horst Schmidt-Brümmer
Wandmalerei zwischen Reklamekunst, Phantasie und Protest

Band 123 Fritz Winzer
DuMont's Lexikon der Möbelkunde

Band 124 Walter Dohmen
Die Lithographie

Band 125 Ulrich Vielmuth/
Pierre Kandorfer (Hrsg.)
Fachwort-Lexikon Film · Fernsehen · Video

Band 126 Christian Kellerer
Der Sprung ins Leere

Band 127 Peter-T. Schulz
Rapunzel

Band 128 Lu Bro
Wie lerne ich Zeichnen

Band 130
Bettina Gruber/Maria Vedder
DuMont's Handbuch der Video-Praxis

Band 131 Anneliese und Peter Keilhauer
Die Bildsprache des Hinduismus

Band 132 Reinhard Merker
Die bildenden Künste im Nationalsozialismus

Band 133 Barbara Salberg-Steinhardt
Die Schrift:
Geschichte – Gestaltung – Anwendung

Band 134 Götz Pochat
Der Symbolbegriff in der Ästhetik und Kunstwissenschaft

Band 135 Karlheinz Schüssler
Die ägyptischen Pyramiden

Band 136 Rainer Harjes
Handbuch zur Praxis des Freien Theaters

Band 137 Nikolaus Pevsner
Wegbereiter moderner Formgebung

Band 139 Peter-T. Schulz
Guten Tag! Eine Gulliver-Geschichte

Band 140 Horst Schmidt-Brümmer
Alternative Architektur

Band 141 Herbert Alexander Stützer
Die Kunst der römischen Katakomben

Band 142 Rudolf Wittkower
Allegorie und der Wandel der Symbole in Antike und Renaissance

Band 143 Martin Warnke (Hrsg.)
Politische Architektur

Band 144 Miriam Magall
Kleine Geschichte der jüdischen Kunst

Band 145 James F. Fixx
Rätsel und Denkspiele mit Seitensprung

Band 146 Rose-Marie und Rainer Hagen
Meisterwerke europäischer Kunst
als Dokumente ihrer Zeit erklärt

Band 147 Astrid und Joachim Knuf
Amulette und Talismane

Band 148 Renée Violet
Kleine Geschichte der japanischen Kunst

Band 149 Lawrence Treat
Detektive auf dem Glatteis

Band 150 Alexandra Lavizzari-Raeuber
Thangkas Rollbilder aus dem Himalaya

Band 151 Hartmut Kraft
Psychoanalyse, Kunst und Kreativität heute

Band 152 Peter F. Dunkel
Schattenfiguren – Schattenspiel

Band 153 Ingeborg Ebeling
Masken und Maskierung

Band 154 Hans Biedermann
Höhlenkunst der Eiszeit

Band 155 Ulrich Namislow
Oktagram

Band 156 Herbert Alexander Stützer
Kleine Geschichte der römischen Kunst

Band 157 Paul Maenz
Die 50er Jahre

Band 158 Jack B. Rochester/John Gantz
Der nackte Computer

Band 159 Anita Rolf
Kleine Geschichte der chinesischen Kunst

Band 160 Felix Freier/Norbert Sarrazin
Fotos: Selbst entwickeln – Selbst vergrößern

Band 161 Wilhelm Fraenger
Von Bosch bis Beckmann

Band 163 Harald Küppers
Die Farbenlehre der Fernseh-, Foto- und Drucktechnik

Band 164 Nora Gallagher
Wohnzimmerspiele – alt und neu

Band 165 Renate Berger/
Daniela Hammer-Tugendhat (Hrsg.)
Der Garten der Lüste

Band 166 Karl Graak
Künstler-Spielkarten des 20. Jahrhunderts

Band 167 Eckhard Neumann (Hrsg.)
Bauhaus und Bauhäusler

Band 169 Wolfgang Kemp (Hrsg.)
Der Betrachter ist im Bild

Band 170 Hans Sedlmayr
Die Revolution der modernen Kunst

Band 171 Ernst H. Gombrich
Eine kurze Weltgeschichte für junge Leser

Band 172 Peter Schickele
Die endgültige Biographie des P. D. Q. Bach

Band 173 Eve-Marie Helm
555 Teekessel

Band 174 Abbie Salny/Marvin Grosswirth
m. d. Mitgliedern von Mensa
Phantastische Mensa-Rätsel

Band 175 Beatrice Frehn/Thomas Krings
Afrikanische Frisuren

Band 177 Vittorio Lampugnani
Architektur als Kultur

Band 178 Michael Koulen
Go

Band 179 Ingeborg Kappler
Gestalten mit Sand

Band 180 Walter Dohmen
Der Tiefdruck

Band 181 Stephan Schmidt-Wulffen
Spielregeln

Band 182 Martin Schuster
Kunsttherapie

Band 183 Bazon Brock/Hans Ulrich Reck/
Internationales Design Zentrum Berlin e.V. (Hrsg.)
Stilwandel

Band 184 Wilfried Hansmann
Balthasar Neumann

Band 185 Manfred Görgens
Kleine Geschichte der indischen Kunst

Band 186 Veruschka und Gábor Bódy (Hrsg.)
Video in Kunst und Alltag

Band 187 Michael Laver
Jeder gegen jeden

Band 188 Ralph Tegtmeier
Tarot

Band 189 Marie Luise Syring
Kunst in Frankreich

Band 190 Peter Bolz/Bernd Peyer
Indianische Kunst Nordamerikas

Band 191 Abbie Salny/Marvin Grosswirth
m. d. Mitgliedern von Mensa
Das endgültige Mensa-Quiz-Buch

Band 192 Karl-Heinz Koch
. . . lege Spiele!

Band 193 Gerald Kahan
$E = mc^2$

Band 194 Bernhard Streck
Wörterbuch der Ethnologie

Band 195 Wolfgang Hautumm
Die griechische Skulptur

Band 196 Wolfgang Max Faust
Bilder werden Worte

Band 197 Andreas Mäckler (Hrsg.)
Was ist Kunst . . .?

Band 198 Veruschka Bódy/Peter Weibel (Hrsg.)
Clip, Klapp, Bum

Band 199 Ingeborg Tetzlaff
Romanische Engelsgestalten in Frankreich

Band 200 Peter-T. Schulz
Ein Glück!

Band 201 Ernst Kitzinger
Kleine Geschichte der frühmittelalterlichen Kunst

Band 202 Lucius Burckhardt/Internationales Design
Zentrum Berlin e.V. (Hrsg.)
Design der Zukunft

Band 203 Wolfgang Müller
Kleine Geschichte der altamerikanischen Kunst

Band 204 John Sladek
Auf heißer Spur . . .

Band 205 Joachim Knuf
Unsere Welt der Farben

Band 206 Peter Sager
Unterwegs zu Künstlern und Bildern

Band 207 Klaus Lankheit
Revolution und Restauration

Band 208 Robert Wolf
Konfliktsimulations- und Rollenspiele: Die neuen Spiele

Band 209 Hinnerk Topf
Rätsel-Reime Reim-Rätsel